CREN†ES

Juliano Spyer
Guilherme Damasceno
Raphael Khalil

CRENTES

PEQUENO MANUAL SOBRE UM GRANDE FENÔMENO

1ª edição

EDITORA RECORD
RIO DE JANEIRO • SÃO PAULO
2025

CIP-BRASIL. CATALOGAÇÃO NA PUBLICAÇÃO
SINDICATO NACIONAL DOS EDITORES DE LIVROS, RJ

S759c   Spyer, Juliano, 1971-
    Crentes : pequeno manual sobre um grande fenômeno / Juliano Spyer, Guilherme Damasceno, Raphael Khalil. - 1. ed. - Rio de Janeiro : Record, 2025.

    ISBN 978-85-01-92330-1

    1. Evangelicalismo - Brasil. 2. Protestantismo - Brasil. I. Damasceno, Guilherme. II. Khalil, Raphael. III. Título.

24-94834
CDD: 280.40981
CDU: 274(81)

Meri Gleice Rodrigues de Souza - Bibliotecária - CRB-7/6439

Copyright © Juliano Spyer, Guilherme Damasceno e Raphael Khalil, 2025

Todos os direitos reservados. Proibida a reprodução, armazenamento ou transmissão de partes deste livro, através de quaisquer meios, sem prévia autorização por escrito.

Texto revisado segundo o Acordo Ortográfico da Língua Portuguesa de 1990.

Direitos exclusivos desta edição reservados pela
EDITORA RECORD LTDA.
Rua Argentina, 171 – Rio de Janeiro, RJ – 20921-380 – Tel.: (21) 2585-2000.

Impresso no Brasil

ISBN 978-85-01-92330-1

Seja um leitor preferencial Record.
Cadastre-se no site www.record.com.br
e receba informações sobre nossos
lançamentos e nossas promoções.

Atendimento e venda direta ao leitor:
sac@record.com.br

Juliano dedica este livro a Walter, Flávia, Thais, Gustavo e Clara.

Guilherme, a Raiany.

E Raphael, a Maria, Leni, Edson e Luiza.

"Porque a sabedoria serve de defesa, como de defesa serve o dinheiro; mas a excelência do conhecimento é que a sabedoria dá vida ao seu possuidor." Eclesiastes 7,12

Sumário

Prefácio, por Marcos Lisboa   11

Apresentação Por que ler este livro?   15

Parte 1: Noções básicas   21

Esse tal protestantismo   23
Diferenças entre protestantismo e catolicismo   31
Como uma pessoa se torna evangélica?   35
O que são os cultos?   39
Os pastores, líderes e títulos   43
A importância da música   47
O que é uma igreja evangélica?   49

Parte 2: Vocabulário básico   57

Pequeno dicionário de crentês   59
Gírias   79

Parte 3: Igrejas evangélicas e tendências teológicas no Brasil   87

Históricas e missionárias   89
Restauracionistas   99
Pentecostais   103

Neopentecostais 113

Independentes e o pós-denominacionalismo 125

Tendências teológicas 127

Parte 4: Debates e polêmicas 135

Gênero e sexualidade 137

Drogas 143

Israel e as guerras no Oriente Médio 147

Liberdade e perseguição 151

Política, Estado e governo 157

Racismo e perseguição a religiões afro-brasileiras 163

Crise ambiental, sustentabilidade e apocalipse 169

Outros temas 173

Parte 5: Para conhecer mais o universo evangélico 177

Livros acadêmicos 179

Livros jornalísticos 191

Livros escritos por evangélicos 194

Livros de memórias 202

Música 204

Filmes, séries e documentários 209

Parte 6: Guia prático 213

Alguns pontos turísticos e experiências no Brasil 215

Organizações evangélicas no Brasil 223

Jornais evangélicos no Brasil 227

Seminários teológicos no Brasil 229

Agradecimentos 233

Notas 235

Prefácio

O movimento evangélico cresceu significativamente no Brasil nas últimas três décadas. Novas gerações, com seus novos temas e preocupações, crescentemente se engajam nas muitas igrejas locais, que professam variações, por vezes significativas, do cristianismo.

O debate público com frequência parece ficar atônito com a conversa inesperada que esses grupos propõem. A ênfase na responsabilidade individual pela vida na família e na relevância da vida em comunidade. A religiosidade incorporada ao cotidiano.

A profusão de igrejas cristãs, com suas imensas variações, pode surpreender muitos que se acostumaram com a tradição da Igreja Católica sobre a interpretação da Bíblia.

Não deveria.

O cristianismo foi marcado nos seus primeiros quatro séculos de existência, assim como nos últimos quinhentos anos, pela imensa variedade de interpretações da Bíblia e dos ritos religiosos. Os textos mais antigos, como os de Paulo, refletem as suas divergências com cristãos de Jerusalém, em particular Pedro. O que significa seguir a Lei, por exemplo, como dizia Cristo?

Nos primeiros séculos depois de Cristo, gnósticos, maniqueístas e muitas outras variantes disputavam a interpretação da vida de Jesus, dos textos cristãos iniciais, inclusive sobre quais deveriam entrar no Canon, que se tornou o Novo Testamento.

CRENTES

O Deus do Novo Testamento é o mesmo do Velho; há um só Deus, ou eles são muitos, mas um é o maior? Como explicar o mal? Ele existe ou apenas reflete as pessoas afastadas de Deus, não abençoadas pela sua Graça?

O Novo Testamento conta de Jesus, mas sua história tem versões divergentes, mesmo entre os evangelhos sinóticos — Marcos, Mateus e Lucas. O audacioso texto de João adiciona novas leituras de Jesus e sua relação com Deus.

A construção do que se tornaria a ortodoxia católica foi marcada por disputas ferozes, como a natureza de Jesus e seu entrelaçamento com Deus. E nos séculos seguintes, mesmo com uma Igreja dominante e hierarquizada, seguidas disputas teológicas foram frequentes nessa tradição, algumas violentas.

O Grande Cisma do Oriente, em 1054, por exemplo, resultou na Igreja Ortodoxa.

Um dos temas marcantes foi o livre-arbítrio e a possibilidade de as pessoas se aproximarem de Deus por suas ações. Agostinho, por outro lado, propõe que a Graça é concedida por Deus, não o resultado das nossas ações.

Séculos depois, o tema do livre-arbítrio é retomado por Lutero na sua controvérsia com Erasmo. Como as pessoas podem superar a condenação decorrente do pecado original? Comportando-se como descreve o Novo Testamento, como achava Erasmo? Mesmo pagãos virtuosos que não conhecem Cristo terão o perdão de Deus?

Lutero, por outro lado, defendia que a Graça era concedida por Deus. Os atos não redimem as pessoas.

A controvérsia anunciava a ruptura que estava por ocorrer.

Lutero adiciona aos temas teológicos suas críticas às práticas observadas na Igreja Católica, os casos de venalidade e luxúria. A venda de indulgências era criticada por transformar a salvação em uma troca, em que os pecados são absolvidos com bens materiais.

PREFÁCIO

A Bíblia, segundo ele, era clara na sua mensagem principal e nenhuma autoridade pode impor aos cristãos como viver. A autoridade do Papa e da hierarquia católica era rejeitada.

As divergências sobre temas teológicos e a relação das pessoas com a Bíblia evoluíram para o imenso cisma da Igreja Católica, com o surgimento de uma profusão de variações do que seria conhecido como protestantismo.

A ruptura religiosa foi fortalecida por temas mais mundanos, como os conflitos entre príncipes e reis, sobretudo no norte da Europa, e o poder terreno da Igreja Católica, com sua influência para além das terras sobre seu domínio territorial.

Durante as fases conhecidas como "Despertar", marcadas pelo fortalecimento da religiosidade cristã e por uma pulverização de variações religiosas. No começo do século XVIII, uma primeira onda varreu o mundo anglo-saxão: o movimento do Renascimento (*Revival*) e a crença na intervenção de Deus no cotidiano, que afasta o pecado em suas múltiplas formas, caracterizando os muitos movimentos evangélicos.

Ondas seguintes, com outras variações, ocorreram na virada do século XIX para o século XX, e, novamente, no começo deste. Deus em comunhão com as pessoas que encontram Cristo e suas muitas ações e manifestações.

No Brasil, esse movimento se expandiu imensamente nas últimas três décadas. Francisco Costa, Angelo Marcoantonio e Rudi Rocha documentam, com microdados, o crescimento do movimento pentecostal a partir dos anos 1990, no artigo "Stop Suffering! Economic Downturns and Pentecostal Uupsurge", publicado no *Journal of the European Economic Association*, em 2022.

O aumento significativo dos fiéis começa nos anos 1990, que seria seguido apenas na década seguinte pelo crescimento do número de igrejas. Mais ainda, eles identificam que essa expansão foi mais forte nas regiões mais afetadas negativamente pela abertura comercial, com piora das condições econômicas.

CRENTES

Para além das muitas igrejas, variações do cristianismo evangélico frequentemente compartilham um código de ética: o trabalho, o cuidado com a família, a empatia com seus pares, com a comunidade.

A religiosidade atrelada a um padrão de conduta no cotidiano resulta em muitas histórias de famílias reconstruídas, superação de dependência de drogas, da valorização do trabalho e da responsabilidade individual. Esses aspectos têm sido documentados em trabalhos recentes, como o livro *O Povo de Deus*, de Juliano Spyer, um dos autores deste livro.

Crentes sistematiza os termos utilizados, as variações, as peculiaridades das denominações do movimento evangélico no Brasil. E elas são muitas.

Pequenas igrejas, locais de encontro, pregação e encontro com a comunidade proliferam pelo país. Grupos organizados por vezes de poucas centenas de fiéis, que tratam com esmero os cultos, das vestes ao cumprimento respeitoso dos que compartilham o mesmo espaço, incluindo a solidariedade com os que passam por dificuldades.

O forte crescimento do movimento evangélico traz desafios à política. Suas crenças e sua defesa de políticas públicas, como nos costumes, por vezes contrastam com as práticas e valores de parte relevante da sociedade.

O diálogo construtivo pressupõe empatia com os diversos, compreender suas motivações e preocupações. Este livro ajuda as pessoas de outras crenças a começarem o diálogo sistematizando as muitas denominações, seus termos e conceitos adotados no cotidiano, suas diferenças. Um bom começo para quem está chegando agora.

Marcos Lisboa

Colunista da *Folha de S.Paulo*, economista e
ex-secretário de Política Econômica
do Ministério da Fazenda.

Apresentação

POR QUE LER ESTE LIVRO?

A ambição deste livro é revelar como um monge católico que atuava em uma região periférica da Alemanha — uma área pouco relevante no cenário político e religioso da Europa do século XVI — desafiou a instituição mais poderosa de seu tempo, a Igreja Católica, ao propor ideias que permanecem atuais e se tornaram ainda mais influentes no século XXI. Quais são essas ideias? Quem são esses personagens? E como essas ideias se enraizaram no Brasil, gerando tensões que perduram até hoje?

Essas questões ganham ainda mais relevância ao considerarmos que, de acordo com a projeção do demógrafo José Eustáquio Alves, professor da Escola Nacional de Ciências Estatísticas do IBGE, os evangélicos se tornarão o principal grupo religioso no Brasil na década de 2030. Estamos falando de aproximadamente 70 milhões de brasileiros, um fenômeno que impacta principalmente os grupos mais vulneráveis da sociedade. Uma pesquisa de 2020 do instituto Datafolha aponta que a maioria dos evangélicos brasileiros é composta por pessoas negras, pobres, periféricas, jovens e, em grande parte, mulheres.[1] Por que essa população está adotando uma nova prática religiosa, abandonando o catolicismo, as religiões de matriz africana e outras tradições?

CRENTES

Há mais motivos para, sendo evangélico ou não, você querer se informar sobre este tema. Essa tradição cristã influencia um número muito maior de pessoas do que apenas aqueles que se identificam como evangélicos. O gênero gospel se tornou o segundo mais popular no Brasil desde os anos 1990, atrás apenas do sertanejo. Livros como *Café com Deus Pai* e séries como *Os escolhidos* têm grande audiência, atraindo inclusive consumidores que não são evangélicos. A bancada evangélica é uma das mais poderosas no Congresso, e pastores como Cláudio Duarte e Deive Leonardo, com dezenas de milhões de seguidores nas redes sociais, influenciam hábitos, formas de pensar e consumo, ultrapassando as fronteiras da religião.

Apesar da magnitude e do crescimento acelerado desse movimento, muitas pessoas ainda enxergam os evangélicos por meio de estereótipos. O líder carismático que explora suas "ovelhas" ou o pobre com baixa escolaridade que se deixa manipular são visões recorrentes, assim como a ideia de que a maioria dos evangélicos seria fundamentalista ou extremista de direita.

Felizmente, a ignorância e o preconceito estão sendo substituídos por compreensões baseadas em dados. Uma pesquisa de 2024 do instituto Datafolha,[2] realizada com evangélicos do município de São Paulo, desconstrói a percepção dos evangélicos como radicais. Segundo o levantamento, 77% dos entrevistados são contrários à educação domiciliar, 66% se opõem à posse de armas para autodefesa, 86% defendem o acolhimento de gays e pessoas trans nas igrejas, e três em cada quatro acreditam que a educação sexual deve ser abordada nas escolas. Embora rejeitem (69%) a interrupção voluntária da gravidez, a maioria (53%) é contrária à criminalização e ao encarceramento de mulheres que abortam.

A partir desses resultados, a *Folha de S.Paulo* publicou um editorial intitulado "Polarização cria falso juízo sobre evangélicos".[3] Não foi uma pessoa nem um especialista quem fez essa afirmação, foram os responsáveis por um dos jornais mais influentes do país se posicionando sobre esse tema. Segundo o texto, a pesquisa do Datafolha "mostra que estereótipo

APRESENTAÇÃO

extremista do bolsonarismo atribuído a frequentadores de igrejas está longe da realidade".

O crescimento do cristianismo evangélico é um movimento global, e o Brasil está na vanguarda dessa tendência, que também se manifesta na África, Europa, Ásia e América Latina. Não há precedentes no mundo para o que está acontecendo aqui: um país de dimensões continentais que, em 50 anos e de maneira pacífica, está mudando radicalmente seu perfil religioso. Esse é mais um motivo para você querer estudar o fenômeno evangélico.

Este não é um livro religioso, nem os autores defendem que o cristianismo seja superior ou inferior a qualquer outra religião. Independentemente de crenças ou visões de mundo, a influência do cristianismo evangélico é uma realidade. E este livro oferece o caminho mais direto para você desafiar preconceitos, aprender sobre o tema, refletir e opinar de maneira informada.

Seja você estudante, profissional, comunicador, advogado, empresário, gestor público, político ou apenas alguém curioso sobre fenômenos sociais, este livro ajudará você a pensar sobre o Brasil do século XXI, considerando a diversidade e complexidade do campo evangélico, levando em conta desde aquelas igrejas de bairro que o IBGE classifica como "pentecostais de denominação desconhecida" até corporações da fé que levam o cristianismo "made in Brazil" para todos os cantos do planeta.

O QUE VOCÊ APRENDERÁ NESTE LIVRO

Encare este volume como um dicionário cultural sobre o cristianismo evangélico, especialmente o que emergiu espontaneamente a partir de igrejas brasileiras como as Assembleias de Deus e a Igreja Universal do Reino de Deus (IURD), além de organizações importantes trazidas ao Brasil por missionários, como a Igreja Batista e a Adventista, entre outras.

O livro começa apresentando as origens do protestantismo. A parte 1 traz noções fundamentais sobre a Reforma Protestante, que é o marco

CRENTES

inicial do movimento que hoje chamamos de evangélico. Martinho Lutero (1483-1546) e outros reformadores romperam com o monopólio religioso da Igreja Católica, e destrincharemos como isso aconteceu. E considerando que o Brasil ainda é um dos países com o maior número de católicos no mundo, é essencial que você entenda as principais diferenças entre protestantes e católicos. Além disso, oferecemos um "curso básico" para explicar, por exemplo, como alguém se torna evangélico, quais são os elementos que compõem um culto, entre outras informações essenciais.

Em seguida, na parte 2, faremos uma imersão no universo das palavras. O que são "dons espirituais"? E o "dom de línguas", é a mesma coisa? Você já ouviu falar sobre a "segunda vinda de Jesus", mas o que isso realmente significa? O que os crentes querem dizer ao se referirem ao Profeta de Baal? Além disso, apresentamos o "lado B" com as gírias que circulam hoje no meio evangélico. Qual a diferença entre "atribulado", "desigrejado", "desviado" e "do mundo"? A lista de termos é longa!

Como estamos tratando de evangélicos e suas diferenças, é fundamental conhecer os principais ramos do protestantismo no Brasil, que abordaremos na parte 3. Você já ouviu falar de igrejas como a Batista ou a Presbiteriana, mas sabia que elas são chamadas de igrejas históricas ou missionárias? E como chamamos as denominações que rejeitam o vínculo com o protestantismo? Falamos, por exemplo, da Igreja de Jesus Cristo dos Santos dos Últimos Dias (mórmons) e das Testemunhas de Jeová. Também exploramos a grande variedade de igrejas pentecostais que surgiram em "ondas" desde o início do século XX, além das histórias das denominações neopentecostais, igrejas independentes e pós-denominacionais.

Na parte 4 do livro a discussão fica mais acalorada. Vamos explorar assuntos polêmicos que frequentemente aparecem nos jornais, sites e redes sociais. Por que as igrejas evangélicas adotam posições conservadoras em relação a temas como sexualidade e gênero? E mais: há manifestações de antissemitismo no cristianismo, assim como apoio intenso ao governo de Israel. De onde eles vêm? Também discutimos o papel do campo evangélico

APRESENTAÇÃO

na política, apresentando temas como guerra espiritual e teologia do domínio. E, por fim, abordamos a questão da liberdade religiosa: evangélicos que se sentem censurados por não poderem condenar, por exemplo, religiões de matriz africana. Não viramos as costas para nenhum assunto complicado.

As duas últimas partes são para os leitores que desejam aprofundar seus conhecimentos. Você encontrará recomendações de livros, filmes, séries e documentários, além de uma introdução aos artistas e álbuns que fazem a história do gospel, o segundo gênero musical mais popular do Brasil. E, por fim, oferecemos um guia prático para levar seu conhecimento para o mundo: pontos turísticos relacionados ao cristianismo evangélico no Brasil, jornais e seminários que oferecem cursos de teologia.

Por isso, o subtítulo deste livro é: *Pequeno dicionário sobre um grande fenômeno*. É o básico que você precisa para explorar mais a fundo este tema.

Vamos começar?

1
NOÇÕES BÁSICAS

ESSE TAL PROTESTANTISMO

O QUE É O PROTESTANTISMO?

O protestantismo emergiu durante a chamada Reforma Protestante, no século XVI, quando o monge católico Martinho Lutero desafiou doutrinas e práticas da Igreja Católica. Lutero se opunha à venda de indulgências pela Igreja, um comércio que prometia acesso ao paraíso, além de outras práticas e ideologias defendidas pela Igreja Católica na época.

Lutero e seus apoiadores se envolveram em um conflito de caráter mais político do que religioso ou teológico. Príncipes e reis europeus usaram as ideias de Lutero para justificar a criação de igrejas nacionais próprias e, assim, reduzir sua subordinação ao papa.

A origem do termo "protestante" não está relacionada à resistência de Lutero ao papa, mas à ação dos príncipes germânicos que se posicionaram contra a proibição do luteranismo na Europa, a favor da liberdade de religião no continente. Eles que foram chamados de "protestantes" pelos católicos. Posteriormente, o termo "evangélico" foi adotado e ressignificado pelos próprios seguidores da Reforma para se diferenciarem dos católicos,

NOÇÕES BÁSICAS

especialmente após o imperador alemão Frederico Guilherme III (1770-1840) tentar unificar as igrejas protestantes em 1817.

A REFORMA PROTESTANTE NÃO FOI O PRIMEIRO MOVIMENTO A DESAFIAR A AUTORIDADE DO PAPA

Martinho Lutero fez parte de um movimento maior de líderes que desafiaram a Igreja Católica, interpretando a Bíblia de forma independente à proposta pela instituição. No século XIV, um precursor desse movimento foi John Wycliffe (c. 1328-1384), teólogo inglês que defendia o acesso à Bíblia pela população e a sua leitura em língua vernácula. Ele disseminou suas ideias pela Inglaterra, questionando diversas práticas da igreja. No século XV, Jan Huss (1369-1415), sacerdote católico da Boêmia (atual República Tcheca), seguiu passos semelhantes. Huss criticou fortemente a corrupção na Igreja e se opôs a muitos de seus ensinamentos. Mesmo enfrentando resistências e sendo rotulados de hereges por parte da população e pelos líderes católicos, suas ideias continuaram e influenciaram Lutero no século XVI, contribuindo para o surgimento dos protestantes.

AS 95 TESES

As 95 teses de Martinho Lutero, publicadas em 1517, foram um marco na Reforma Protestante. Lutero contestou várias práticas católicas, denunciando o poder excessivo do papa e defendendo a primazia da Bíblia como guia de fé para a igreja. Ele também defendeu a tradução da Bíblia para línguas acessíveis ao povo, permitindo a leitura e interpretação individual das Escrituras. Suas teses desencadearam intenso debate teológico e desempenharam papel fundamental na transformação religiosa, cultural, política, econômica e social da Europa. No entanto é importante lembrar que Lutero não publicou as teses para romper com a Igreja, mas com o intuito de promover um debate teológico.

A REFORMA PROTESTANTE ALÉM DE LUTERO

Durante a Reforma Protestante, diferentes grupos cristãos propuseram novas interpretações da Bíblia, que culminaram em duas principais reformas: a magisterial e a radical. A reforma magisterial foi liderada por Martinho Lutero, João Calvino (1509-1564) e Ulrico Zuínglio (1484-1531), que apoiavam a promoção da educação, defendiam a tradução da Bíblia do latim para línguas modernas e incentivavam a cooperação entre a Igreja e o Estado.

Em contraste, a reforma radical defendia a separação completa entre Igreja e Estado, além do batismo somente para adultos, desafiando a prática de batismo infantil da Igreja Católica e das igrejas protestantes magisteriais. Grupos como os anabatistas, menonitas, huteritas e amish representam essa corrente, que, mesmo sendo menor, deixou sua marca na teologia protestante. Além disso, esses grupos inspiraram os movimentos de santidade (*holiness*) que surgiram no interior dos Estados Unidos no século XIX. Com foco no retorno a uma vida de pureza e separada do secularismo (santidade), essas correntes influenciaram diretamente o surgimento do pentecostalismo.

Enquanto essas reformas ocorriam no continente europeu, a Inglaterra vivenciava um movimento distinto. O rei Henrique VIII (1491-1547) rompeu com a Igreja Católica em 1534 e fundou a Igreja Anglicana após o papa se recusar a anular seu casamento com Catarina de Aragão. No entanto, reduzir a criação da Igreja Anglicana à questão do casamento de Henrique VIII é simplista. Esse movimento também foi motivado pelo descontentamento inglês com a Igreja Católica e pela crescente influência dos ideais luteranos entre os ingleses.

NOÇÕES BÁSICAS

CONSEQUÊNCIAS DA REFORMA PROTESTANTE

A Reforma Protestante acelerou a modernização da Europa. Ao questionar o monopólio religioso e a autoridade da Igreja Católica Romana, o movimento fortaleceu os estados nacionais (países), que antes estavam subordinados à autoridade do papa.

Além disso, a tradução da Bíblia incentivou a prática da leitura e ampliou o acesso à informação. A liberdade de pensamento e a busca pela verdade foram valores fundamentais da Reforma e contribuíram para o desenvolvimento do pensamento racional e científico, elementos cruciais para a era moderna.

Marcada pela defesa de Lutero da educação pública universal, a Reforma Protestante resultou na distinção entre Igreja e Estado, conceito originalmente proposto pelos anabatistas. Entretanto, essa transformação só se firmou completamente após a Revolução Francesa, em 1789, quando a Igreja Católica perdeu o monopólio sobre a educação.

A HISTÓRIA DOS TERMOS "PROTESTANTE" E "EVANGÉLICO"

O termo "protestante" começou a ser utilizado em 1529, durante a Dieta de Espira, conjunto de assembleias do Sacro Império Romano-Germânico realizadas na cidade de Espira, na Alemanha. Nessas reuniões, particularmente em 1526 e 1529, foram estabelecidas diretrizes a respeito da liberdade religiosa no império. O termo "protestante" foi usado pelos católicos para designar aqueles que discordavam das decisões do imperador Carlos V, distinguindo-os dos que apoiavam a Igreja Católica. Paralelamente, a partir do movimento promovido pelo teólogo alemão Martinho Lutero, que pretendia seguir mais de perto os ensinamentos do Evangelho, surgiu o termo "evangélico".

26

ESSE TAL PROTESTANTISMO

Mais tarde, no século XVII na Inglaterra, essa expressão adquiriu conotação política, adotada pelos cidadãos que se posicionavam contra a Igreja Nacional da Inglaterra. Eventos como a Paz de Westfália — assinada em 1648, que encerrou a Guerra dos Trinta Anos (1618-1648) na Europa, e a Guerra dos Oitenta Anos (1568-1648) entre a Espanha e a República Holandesa, que estabeleceram bases para a soberania dos Estados na Europa — ajudaram a definir como "evangélicos" os grupos cristãos na Europa, e o termo "protestante" se tornou expressão de oposição à Igreja Católica.

Mas o que significa o termo "evangélico" hoje, em um contexto em que esse termo aparece frequentemente associado ao conservadorismo de costumes e a políticos de direita? Como o uso da palavra "evangélicos" mudou ao longo dos séculos? E como historiadores de origem protestante interferiram na maneira com que percebemos esse fenômeno social? Essas e outras questões são analisadas pelo historiador americano Matthew Avery Sutton em seu artigo "Redefinindo a história e a historiografia do evangelicalismo americano na era da direita religiosa" ("Redefining the History and Historiography of American Evangelicalism in the Age of the Religious Right"), publicado em 2024 no *Journal of the American Academy of Religion*.

Sutton apresenta duas premissas principais:

1. Na década de 1980, líderes da direita religiosa afirmaram que os Estados Unidos foram fundados como uma nação cristã, justificando o nacionalismo cristão.

2. Em resposta, os historiadores estadunidenses Mark Noll, Nathan Hatch e George Marsden desenvolveram uma historiografia positiva para preservar a reputação dos evangélicos.

Segundo Sutton, esses historiadores definiram a expressão "evangélico" baseando-se apenas em ideias teológicas, desconsiderando práticas, redes sociais e posturas em relação ao racismo, à desigualdade de gênero e de classe. Embora fossem protestantes do nordeste dos Estados Unidos, sem preparo para analisar o cristianismo em outras regiões, como o sul escravista, eles celebraram os evangélicos abolicionistas, pioneiros na educação,

NOÇÕES BÁSICAS

defensores dos direitos das mulheres, reformadores urbanos, ativistas trabalhistas e missionários que promoviam liberdade religiosa e direitos humanos globalmente.

O historiador argumenta que essa abordagem minimizou o componente político da religião. "Em vez de explicar como o evangelicalismo se aliou à direita republicana, sugeriram a existência de um 'verdadeiro' evangelicalismo separado de suas manifestações políticas", afirma.

Ele sugere que, no século XX, cristãos fundamentalistas adotaram o termo "evangélico" para se apresentarem como "guardiões da Reforma Protestante". Esses cristãos acreditavam que "Deus tinha um plano específico para os Estados Unidos e que sua missão era garantir que os verdadeiros cristãos cumprissem fielmente esse plano".

Assim, Sutton conclui que o termo "evangélico", no contexto dos Estados Unidos, deve descrever um movimento pós-Segunda Guerra Mundial que é "religioso, nacionalista, patriarcal e branco". Outras características existem, mas são específicas de determinadas denominações e contextos.

Essa interpretação da história do termo evangélico proposta por Sutton provocou debates acalorados entre cristãos nos EUA e no mundo. Isso não significa que o que ele diz seja uma verdade indiscutível e que devemos parar de usar o termo "evangélico" fora do sentido que ele propõe. Palavras se transformam ao longo do tempo e do espaço. M. A. Sutton nos convida a refletir sobre como essa palavra está em disputa hoje também no Brasil, inclusive para que ela não se torne sinônimo de "cristãos fundamentalistas de direita".

PROTESTANTE E EVANGÉLICO SIGNIFICAM A MESMA COISA?

No Brasil, os termos "evangélico" e "protestante" são usados similarmente, mas têm diferenças. Geralmente, pessoas das camadas populares preferem se autodenominar "evangélicas" ou "crentes", enquanto as de classes média e alta tendem a usar "protestante" ou "cristão", para evitar associações com o termo "crente". A distinção sugere a influência de fatores de classe na escolha da identificação religiosa no Brasil. Além disso, a palavra "protestante" pode ser associada à ideia de agressividade — alguém que protesta e provoca desordem —, e os evangélicos brasileiros, especialmente os mais pobres, não se percebem com essas características. Eles se veem e se apresentam como um grupo disciplinado e respeitoso, diferente do que o termo "protestante" pode implicar. Mas é importante ressaltar que as fronteiras entre os termos são flexíveis e muitos se denominam em espaços informais como evangélicos e, em espaços formais, por exemplo, em cursos universitários, como protestantes.

O TAMANHO DO FENÔMENO EVANGÉLICO

Segundo dados coletados pela World Christian Encyclopedia, existem mais de 30 mil denominações cristãs no mundo atualmente. Cada uma tem suas próprias convicções e tradições teológicas, refletindo a influência da Reforma Protestante e a busca pela compreensão individual da fé.

Dados de 2016 do Pew Research Center registram que o número de evangélicos em todo o mundo ultrapassa os 800 milhões, sendo cerca de 600 milhões deles de denominações pentecostais. Essa comunidade religiosa continua a crescer em várias regiões, especialmente na África, América Latina e Ásia. Os números mostram a ampla presença e influência do cristianismo evangélico em escala global.

O protestantismo tem apresentado uma trajetória ascendente no Brasil ao longo das décadas. Na segunda metade do século XIX, em 1872, o primeiro censo brasileiro apontou que dos 9,9 milhões de habitantes, 99,7% se identificavam como católicos — incluindo a grande maioria dos escravizados e povos indígenas. Na época, o contingente evangélico era

NOÇÕES BÁSICAS

minúsculo, com apenas 0,1% (cerca de 10 mil pessoas), e predominantemente composto por imigrantes europeus de países de tradição protestante, como a Alemanha e os Estados Unidos.[4]

Na segunda metade do século XX, o número de protestantes começou a crescer rapidamente. Nos anos 1970, compunham cerca de 6% da população brasileira. Uma década depois, em 1980, a proporção aumentou ligeiramente para 6,6%. Em 1991, o percentual subiu para 9% da população.

O crescimento mais acentuado aconteceu nos primeiros anos do século XXI, entre 2000 e 2010. No ano 2000, 15,4% da população, ou 26,2 milhões de brasileiros, se identificou como evangélico. Uma década depois, em 2010, o número cresceu outra vez, alcançando 22,2% da população total, ou 42,3 milhões, conforme dados do IBGE.

No início do século XXI, segundo um estudo do Centro de Estudos da Metrópole (CEM) da USP, em 2019, o Brasil testemunhou a abertura média de cerca de dezessete novos templos evangélicos por dia. O crescimento, notável especialmente nas periferias, expressa a proliferação de igrejas independentes, desvinculadas das grandes denominações religiosas.

DIFERENÇAS ENTRE PROTESTANTISMO E CATOLICISMO

No universo cristão, existem diferenças fundamentais entre o catolicismo e o protestantismo. Podemos observar algumas em questões como:

Administração da igreja: O catolicismo é conhecido pela estrutura hierárquica rígida, sendo o papa a autoridade central. Isso cria uma base sólida de autoridade e governança para a Igreja Católica. Por outro lado, o protestantismo se destaca pela diversidade de denominações e estruturas de governança, permitindo maior flexibilidade e facilidade para o estabelecimento de novas igrejas. No protestantismo, podem existir diferentes modelos de liderança, como conselhos de presbíteros, comitês ou congregações independentes, refletindo a ênfase na autonomia local e na liberdade individual de interpretação das Escrituras.

Autoridade: Diferentemente do catolicismo, no protestantismo não há uma autoridade máxima preestabelecida. Os protestantes consideram que a autoridade está na Bíblia. Em vez de ter uma pessoa no poder, as decisões devem ser baseadas no que está escrito nos 66 livros da Bíblia protestante.

NOÇÕES BÁSICAS

Interpretação da Bíblia: Na tradição do protestantismo, os fiéis têm o direito de interpretar individualmente as Escrituras, enquanto no catolicismo, somente o clero é autorizado a fazer interpretações. O Concílio de Trento (1545-1563) determinou que a interpretação da Bíblia deveria ser guiada pela Igreja Católica, proibindo interpretações contrárias ao consenso da tradição eclesiástica, a fim de evitar distorções na doutrina católica. Antes do Concílio Vaticano II (1962-1965), o acesso à Bíblia em vernáculo era restrito para garantir uma interpretação correta, mas exemplares supervisionados já estavam disponíveis aos fiéis.

Os protestantes, desde o século XVI, com a difusão de materiais impressos, têm o hábito de ler a Bíblia em suas casas. Os reformadores, como Lutero, Calvino e Zuínglio, encorajaram a distribuição da Bíblia entre os fiéis, contribuindo para essa prática. Hoje, o clero católico continua seguindo as interpretações autorizadas pelo Vaticano, enquanto os protestantes incentivam a constante análise das interpretações. É ingenuidade pensar que não existam setores do evangelicalismo que proíbam a pluralidade de interpretações bíblicas entre seus fiéis, buscando unificar a leitura da Bíblia e punindo com silenciamento ou expulsão aqueles que não seguem a interpretação oficial da denominação. No entanto, o protestantismo, em sua essência, caracteriza-se pela diversidade de interpretações e pela flexibilidade nas estruturas de governança, permitindo autonomia local e diferentes modelos de liderança, em contraste com a centralização hierárquica do catolicismo.

Veneração aos santos e à Maria: Outra diferença reside na prática da veneração aos santos e à Maria, permitida no catolicismo, mas não no protestantismo. Nos templos católicos, por exemplo, é comum encontrar esculturas e imagens de santos, enquanto na maioria das denominações evangélicas não há imagens nos templos. Em parte delas, há imagens da cruz e, em poucas, como a luterana e a anglicana, existem imagens de Jesus. Alguns grupos protestantes rejeitam o uso de estátuas e imagens devido ao

DIFERENÇAS ENTRE PROTESTANTISMO E CATOLICISMO

princípio da "Sola Scriptura", que enfatiza a Bíblia como fonte única de fé e prática cristã, e, portanto, consideram relevante a proibição de criar imagens para adoração, conforme sua interpretação dos Dez Mandamentos no Livro do Êxodo. Outros protestantes permitem o uso de imagens para fins educacionais ou inspiradores. As visões variam dentro do movimento, refletindo as muitas interpretações teológicas e históricas.

Versão da Bíblia: O protestantismo alterou a Bíblia católica durante a Reforma do século XVI ao adotar critérios diferentes para definir o cânone das Escrituras. Os reformadores, liderados por Martinho Lutero, rejeitaram os livros incluídos na versão grega da Bíblia hebraica (Septuaginta), usados pela Igreja Católica, em favor do cânone judaico, que se baseava apenas no texto hebraico. Essa decisão refletia a ênfase protestante na autoridade exclusiva da Bíblia (Sola Scriptura) e no retorno às fontes originais, em contraste com a tradição católica que também reconhece a autoridade do Magistério e da Tradição.

A Bíblia protestante é composta por 66 livros, divididos em duas partes: o Antigo Testamento, com 39 livros, e o Novo Testamento, com 27 livros. As denominações podem utilizar diversas traduções da Bíblia, como a *Almeida Revista e Corrigida* (ARC), *Almeida Revista e Atualizada* (ARA), *Nova Versão Internacional* (NVI), *Nova Almeida Atualizada* (NAA), *Nova Versão Transformadora* (NVT) e a *Nova Tradução na Linguagem de Hoje* (NTLH), que são versões oficiais da Sociedade Bíblica do Brasil (SBB). Existem Bíblias adaptadas para públicos específicos, como a *Bíblia infantil*, a *Bíblia para jovens*, a *Bíblia para mulheres* e a *Bíblia do pastor*, com recursos como comentários, mapas e até ilustrações, mas a versão do texto bíblico será sempre uma das oficiais da SBB.

A Bíblia católica, por outro lado, inclui sete livros adicionais (Tobias, Judite, 1º e 2º Macabeus, Sabedoria, Eclesiástico e Baruc), além de acréscimos nos livros de Daniel e Ester. Outro ponto importante é a numeração diferente no Livro dos Salmos. Isso ocorre porque a Bíblia católica

NOÇÕES BÁSICAS

segue a Septuaginta — tradução grega do Antigo Testamento —, na qual alguns Salmos são combinados, resultando em uma numeração distinta. Por exemplo, os Salmos 9 e 10 na Bíblia protestante aparecem como um único Salmo na Bíblia católica. Em contrapartida, as Bíblias protestantes seguem o Texto Massorético, a versão hebraica do Antigo Testamento.

COMO UMA PESSOA SE TORNA EVANGÉLICA?

A partir dos processos abaixo uma pessoa se torna evangélica:

Conversão: Trata-se de um percurso pessoal e contínuo de transformação e desenvolvimento na fé evangélica. À medida que o indivíduo atende ao chamado divino, sente-se impelido a abandonar comportamentos considerados nocivos pela igreja, como dependência em drogas, álcool e cigarro, com o objetivo de viver de forma mais saudável e em conformidade com os princípios cristãos.

Batismo: É o rito de passagem público que marca o início de uma vida a partir dos princípios cristãos para determinada pessoa. Essa prática representa a entrada de um novo membro na igreja, marcando sua identificação pública com a fé evangélica e sua integração na comunidade de crentes.

O batismo é considerado um sacramento em denominações como a Igreja Anglicana, Presbiteriana e Luterana, enquanto é visto como uma ordenança entre os Batistas, Assembleianos e a maioria dos pentecostais e neopentecostais. Apesar das diferentes formas de compreensão entre as igrejas evangélicas, a maioria concorda que o batismo é uma maneira de

NOÇÕES BÁSICAS

obedecer ao pedido de Jesus Cristo de batizar em nome do Pai, do Filho e do Espírito Santo. Para aqueles que o reconhecem como sacramento, o ato é um ritual sagrado, representando uma aliança espiritual com Jesus. Para os que o veem como uma ordenança, é uma resposta direta à ordem de Cristo. Em ambos os casos, o batismo simboliza publicamente a fé, a obediência a Deus e o compromisso com a vida comunitária na igreja.

Também chamado de "batismo nas águas" entre evangélicos, é conduzido por um pastor ou outro ministro, e pode ser realizado em uma piscina, rio, tanque batismal ou através de aspersão, quando a água é derramada sobre a cabeça da pessoa.

O tempo de preparação para o batismo varia entre diferentes igrejas evangélicas. Em algumas, é exigido um período de avaliação dos candidatos ao batismo, já outras oferecem etapas de preparação, semelhantes ao catecumenato da Igreja Católica.

Batismo e conversão são conceitos distintos para o evangelicalismo. O batismo é um rito, e a conversão, a escolha pessoal de seguir a fé. Enquanto algumas igrejas batizam bebês, que obviamente não são responsáveis por tal decisão — para essas, o batismo é visto como substituição da circuncisão realizada nos homens judeus —, outras optam por batizar adolescentes e adultos, que podem ter sido pressionados por familiares e amigos. Isso indica que alguém pode ser batizado (independentemente da idade) sem realmente ter decidido seguir a fé evangélica. Ou seja, é possível ser batizado sem vivenciar uma autêntica conversão, e vice-versa. Para um evangélico, o batismo não garante a conversão; o importante é praticar as crenças conforme a Bíblia e sua interpretação pelo respectivo grupo religioso. A maioria das igrejas evangélicas incentiva aqueles que não são casados formalmente que se casem antes de receberem o batismo.

Aceitar Jesus: Frequentemente usado no meio evangélico, esse termo significa dizer em público que Jesus Cristo é seu Salvador. Em muitas igrejas, é feito pelo ato do batismo, enquanto em outras é realizado através

COMO UMA PESSOA SE TORNA EVANGÉLICA?

de um apelo feito pelo(a) pastor(a) ou qualquer fiel, seja líder ou não, que esteja conduzindo a direção do culto.

Aceitar Jesus também envolve uma mudança de direção em relação à vida anterior. Isso inclui ter arrependimento, ou seja, reconhecer os próprios erros e pecados, e ter vontade de se afastar deles, buscando uma vida de obediência a Deus.

O QUE SÃO OS CULTOS?

Os cultos evangélicos podem variar em forma e estilo, mas todos compartilham um objetivo comum: é o momento para os fiéis adorarem a Deus e fortalecerem sua fé. Alguns adotam uma abordagem tradicional, utilizando músicas de hinários específicos, como a "Harpa cristã", na Assembleia de Deus, e o "Cantor cristão", nas igrejas batistas, além de leituras bíblicas e pregações realizadas pelos pastores. Outras igrejas adotam formatos mais informais de cultos, que dão destaque às canções recentes do universo gospel e valorizam discursos motivacionais, proferidos tanto por pastores quanto por fiéis.

É esperado que os membros frequentem regularmente os cultos para serem considerados cristãos comprometidos. A ausência recorrente pode ser interpretada pelos líderes, pastores e outros fiéis como falta de comprometimento espiritual, a não ser que seja justificada por razões como problemas de saúde, compromissos profissionais ou outros deveres inadiáveis. Em geral, os cultos acontecem diariamente; contudo, as reuniões mais importantes tendem a ocorrer duas vezes por semana, geralmente às quartas-feiras e aos domingos.

NOÇÕES BÁSICAS

ETAPAS DO CULTO

As partes que constituem um culto podem variar ligeiramente, dependendo da tradição e do estilo da igreja. Algumas fases comuns são:

Abertura: O culto inicia com uma saudação de boas-vindas, que apresenta um trecho bíblico e convida os participantes a uma reflexão, dando início a um momento de adoração a Deus.

Louvor e adoração: Durante essa parte, os fiéis cantam hinos e louvores, muitas vezes com o apoio de uma equipe de músicos e cantores. Algumas denominações, como a Renascer e a Quadrangular, optam por uma abordagem mais informal, com bandas que fazem uso de guitarras elétricas, violões e outros instrumentos não tradicionais. Denominações como a Congregação Cristã e a Cristã Maranata seguem uma liturgia clássica, privilegiando hinos protestantes clássicos e o uso de instrumentos como piano, orquestras e órgão elétrico ou de tubos.

Oração: Os evangélicos acreditam que a oração é um ato de comunicação direta dos fiéis com Deus. É o momento de expressar pensamentos, sentimentos, necessidades e gratidão a Deus. A oração pode ser praticada de forma individual, em devocionais pessoais, ou coletivamente, durante os cultos.

Coleta de dízimo e ofertas: Os fiéis têm a oportunidade de ofertar recursos financeiros voluntariamente para sustentar a igreja e as atividades e os eventos que ela proporciona. Durante esse momento, é comum uma breve exposição oral sobre a importância da doação de recursos financeiros, baseando-se em um texto bíblico ou testemunho pessoal. Em seguida, geralmente diáconos circulam pela igreja para recolher dízimos e ofertas, utilizando bacias, cestos ou envelopes.

O QUE SÃO OS CULTOS?

Testemunhos: É um momento em que os fiéis compartilham suas experiências pessoais de como a fé transformou suas vidas para melhor. Por exemplo, uma pessoa que anteriormente enfrentava a dependência química pode compartilhar com a comunidade a superação desse desafio através da fé e do apoio da igreja.

Pregação: É uma exposição oral — semelhante a uma palestra — em que um líder religioso, como um pastor ou pregador, apresenta uma mensagem bíblica para os fiéis. Seu objetivo é transmitir e explicar os ensinamentos, oferecendo orientação, encorajamento e ensinamentos práticos para a vida cristã. Temas como a fé, o arrependimento, a salvação, a esperança e o amor são abordados, buscando fortalecer a fé dos ouvintes.

Apelo: Convite com o objetivo de encorajar as pessoas a responderem em seus corações à pregação e tomarem uma decisão de fé. Geralmente, o apelo ocorre no final de uma pregação ou de um sermão.

Encerramento: O culto é finalizado com uma oração final realizada pelo pastor, que concede uma bênção apostólica (invocação de bênçãos divinas), cantando um hino evangélico ou proclamando uma mensagem de despedida.

OS PASTORES, LÍDERES E TÍTULOS

A LINGUAGEM DAS IGREJAS

O Brasil é vasto e o protestantismo é uma tradição que valoriza a diversidade de práticas e de perspectivas teológicas em suas igrejas. Cada denominação pode adotar terminologias próprias. Por exemplo, os títulos "pastor", "presbítero" e "ancião" podem ser empregados como sinônimos por algumas denominações enquanto, em outras, "ancião" ou "presbítero" designará o auxiliar do pastor. Tais fatos ilustram a complexidade em decifrar a linguagem e os jargões evangélicos.

O PASTOR

Diferente dos padres católicos, os pastores não são celibatários e, por isso, podem se casar. O pastor dispõe de várias responsabilidades, como conduzir os cultos ajudando sua comunidade a refletir sobre acontecimentos cotidianos à luz da Bíblia. Além das responsabilidades espirituais, os

NOÇÕES BÁSICAS

pastores também têm funções administrativas. Em igrejas de pequeno e médio portes, eles lidam com a manutenção do templo, a organização de eventos e o pagamento de despesas.

Em igrejas maiores, lideram uma equipe para gerir e garantir o funcionamento da igreja. Em igrejas mais tradicionais e com mais recursos, os pastores geralmente têm diploma superior em teologia. Nas igrejas mais modestas, é comum que tenham título superior em áreas úteis para lidar com pessoas, como pedagogia ou psicologia, mas podem ser autodidatas.

Algumas igrejas remuneram os pastores, mas evitam o termo "salário", preferindo usar as expressões prebenda, côngrua ou oferta. Essa remuneração geralmente é composta pelas doações feitas pelos fiéis durante os cultos, mas o arranjo varia entre diferentes denominações e vertentes. Algumas oferecem remunerações modestas, e o pastor complementa a renda com outras ocupações.

Em igrejas como a Maranata e a Congregação Cristã, a função de liderança é voluntária. O termo "pastor" pode ter diferentes significados dentro das igrejas, variando de acordo com a tradição e a doutrina da vertente. Por exemplo, na Congregação Cristã, o equivalente à figura de um pastor é tratado como "ancião", enquanto nas igrejas metodistas e presbiterianas o termo utilizado é "reverendo".

A PASTORA

Embora ainda haja igrejas que não reconhecem o pastorado feminino, algumas denominações incluem mulheres nesta liderança em seus quadros. O número de pastoras, em geral, é desproporcionalmente menor ao de pastores.

Em algumas igrejas, a esposa do pastor é chamada de pastora, mesmo que a mulher não seja ordenada. É uma forma percebida como carinhosa e respeitosa de reconhecer o envolvimento e a dedicação dela à igreja, especialmente no cuidado com o público feminino e infantil.

OS PASTORES, LÍDERES E TÍTULOS

QUAIS SÃO OS REQUISITOS PARA ALGUÉM SE TORNAR PASTOR OU PASTORA?

Cada denominação tem maneiras diferentes de reconhecer um pastor ou uma pastora. De modo geral, o candidato deve demonstrar conhecimento teológico e convicção de que recebeu um chamado de Deus para desempenhar a função.

O APÓSTOLO

É o fundador e presidente vitalício de uma igreja neopentecostal. Desempenha papel central na direção da igreja, no componente litúrgico, administrativo e, em alguns casos, político, pois negocia com partidos e representantes de governos. Função comum na Igreja Mundial do Poder de Deus e na Igreja Renascer em Cristo.

O BISPO

O papel dos bispos evangélicos é semelhante ao dos bispos católicos. Eles supervisionam os pastores e podem ser encontrados em diferentes vertentes evangélicas, incluindo igrejas neopentecostais, anglicanas e metodistas.

O MINISTRO

O termo é utilizado para designar dirigentes nas igrejas evangélicas, abrangendo pastores e as pessoas que ocupam cargos de bispos, presbíteros, diáconos, anciãos e outros integrantes. Essas figuras desempenham funções de liderança distintas no âmbito da denominação. Um termo comum a todas as denominações.

NOÇÕES BÁSICAS

O MINISTRO DE LOUVOR

É o músico responsável por coordenar o grupo de louvor, geralmente constituído por uma banda. A função é comum em igrejas pentecostais independentes, também chamadas de "comunidades". A Igreja do Evangelho Quadrangular é um exemplo de denominação que frequentemente conta com ministros de louvor em suas filiais e, portanto, usa essa terminologia.

O PASTOR-PRESIDENTE

Em organizações evangélicas complexas, que englobam várias igrejas, o pastor-presidente é o líder máximo. Ele toma as decisões finais e cuida da administração de uma rede de igrejas. Em algumas denominações, essa figura também pode ser conhecida como pastor titular. A Convenção Geral das Assembleias de Deus (CGADB) utiliza esse termo para designar pastores que exercem liderança sobre um agrupamento de igrejas, seja em nível municipal, estadual ou nacional. Em cada uma dessas instâncias há a figura de um pastor-presidente, responsável por coordenar as atividades e decisões da respectiva jurisdição.

O PRESBÍTERO

O título de presbítero é atribuído a homens e mulheres que ocupam uma posição hierárquica inferior à função pastoral. Todos os pastores são presbíteros, mas nem todos os presbíteros são pastores. É semelhante ao que ocorre no catolicismo, no qual todos os padres e bispos são presbíteros, mas nem todos os presbíteros são bispos. Um termo comum a todas as denominações.

A IMPORTÂNCIA DA MÚSICA

GOSPEL

A música gospel surgiu da fusão cultural entre africanos escravizados e o cristianismo imposto pelos colonizadores europeus nos Estados Unidos do século XVIII. Esse encontro resultou em um estilo musical que combina canto religioso africano, batidas rítmicas, improvisação vocal e hinos cristãos. Conhecido inicialmente como *spiritual*, o gospel evoluiu ao incorporar elementos do blues e de outros gêneros.

No Brasil, a música gospel começou a ganhar espaço nos anos 1960 com bandas como Vencedores por Cristo, Grupo Logos e Arautos do Rei. Nos anos 1990 e início dos 2000, artistas como Adhemar de Campos, Aline Barros, Kleber Lucas, Fernanda Brum e a banda Diante do Trono alcançaram reconhecimento nacional e internacional. Em 2019, segundo a Associação Brasileira de Produtores de Discos (ABPD), o mercado gospel representou cerca de 20% das vendas de música no país, movimentando mais de 1 bilhão de reais. Em 2021, uma pesquisa do instituto PiniOn mostrou que o gospel é o segundo gênero mais popular do Brasil, atrás apenas do sertanejo.

NOÇÕES BÁSICAS

A criação oficial do Dia da Música Gospel, sancionada pelo presidente Lula em 15 de outubro de 2024, reflete a relevância cultural do gênero e sua crescente influência social. A música gospel transcende os cultos, alcançando milhões de brasileiros, evangélicos e não evangélicos, e influencia tanto o mercado musical quanto a espiritualidade do país. Esse gênero, com raízes afro-americanas e temas de liberdade e misericórdia, passou a incorporar estilos populares brasileiros para ampliar seu alcance evangelístico, como afirma a antropóloga Márcia Leitão Pinheiro, da UENF.

Para a antropóloga Christina Vital da Cunha, da Universidade Federal Fluminense, o gospel é um fenômeno cultural e econômico que conecta indivíduos e promove a vivência religiosa fora das igrejas. Essa popularização permite uma espiritualidade mais informal, alcançando até o mercado de massas. Atualmente, o termo "música gospel" passa por revisões, e o cantor e compositor Marcos Almeida sugere o termo "cena gospel" para refletir a diversidade de artistas e sonoridades do gênero no Brasil.

HINÁRIOS

Os hinários são livros que reúnem hinos e cânticos utilizados durante os cultos. Muitas denominações evangélicas possuem o próprio hinário, com uma seleção específica que reflete sua tradição e suas crenças. Um exemplo é a "Harpa cristã", amplamente utilizada pelas igrejas pentecostais, e o "Cantor cristão", adotado pelos batistas.

O QUE É UMA IGREJA EVANGÉLICA?

Se as igrejas evangélicas podem ser muito diferentes umas das outras, o que garante que determinada organização seja aceita como denominação evangélica? No Brasil, existe o Instituto Cristão de Pesquisa (ICP), que analisa as doutrinas de cada organização e indica quais atendem aos critérios. Por exemplo, a comunidade de fé de uma igreja deve crer que Jesus Cristo também é Deus para ser reconhecida. Mas, na realidade, não existem órgãos reguladores externos que reconheçam a validade de uma denominação evangélica.

Além do ICP, a Associação Evangélica Brasileira (AEVB), fundada em 1991, também buscou representar e unir o movimento evangélico no Brasil, promovendo cooperação entre as diversas denominações. Embora não tenha poder regulador, a AEVB teve relevância ao articular pautas comuns entre as igrejas, especialmente em questões sociais e políticas, influenciando o cenário público evangélico por um tempo. Contudo, sua importância diminuiu com o surgimento de outras organizações e a crescente fragmentação das lideranças evangélicas.

A legitimidade de uma igreja para ser considerada evangélica por seus pares é baseada em seu corpo de doutrinas e na experiência pessoal do pastor ou pastora. É comum que o fundador de uma nova igreja, mesmo

NOÇÕES BÁSICAS

aquele com baixa escolaridade e sem diploma no campo da teologia, tenha extensa trajetória na sua igreja de origem, a qual ele provavelmente replicará na nova vertente que estabelecer.

QUAL A DIFERENÇA ENTRE TEMPLO E IGREJA?

Igreja e templo são coisas diferentes, embora muitas vezes essas palavras sejam usadas como sinônimas. A igreja é a comunidade de pessoas que compartilha a mesma fé e crenças, enquanto o templo é o lugar físico onde essas pessoas se reúnem para praticar a fé.

Ao contrário das igrejas católica e ortodoxa, as igrejas evangélicas não necessariamente possuem um templo próprio. Elas têm a liberdade de se reunir em diferentes locais, como hotéis, teatros, casas de fiéis e outros espaços que estejam disponíveis. Essa flexibilidade permite que as igrejas evangélicas se adaptem às necessidades e características de cada comunidade.

Durante a pandemia de covid-19, as igrejas precisaram passar a funcionar no ambiente digital devido às restrições sanitárias. As alternativas virtuais, como as transmissões ao vivo dos cultos, se tornaram uma prática comum no meio evangélico.

IGREJA, DENOMINAÇÃO, CONVENÇÃO E MINISTÉRIO

Denominação é uma outra maneira de dizer "igreja" ou comunidade de fé. O termo "denominação" ajuda a diferenciar igrejas que têm nomes parecidos. Por exemplo, a Batista da Lagoinha e a Igreja Batista são duas denominações distintas, apesar de ambas serem chamadas "batistas".

Avançando nesse contexto, temos as convenções das igrejas. Essas são organizações que reúnem diversas igrejas de uma mesma vertente teológi-

50

O QUE É UMA IGREJA EVANGÉLICA?

ca, com o objetivo de promover a cooperação de recursos e o ensino por meio dos seminários. Ainda no contexto batista, um exemplo disso é a Convenção Batista Brasileira (CBB), à qual muitas igrejas batistas tradicionais estão associadas. Em contrapartida, a igreja Lagoinha, que antes estava vinculada à Convenção Batista Nacional (CBN) — que congrega as igrejas batistas renovadas —, agora segue como uma denominação independente: Lagoinha Global.

No entanto, essa diferenciação pode se tornar ainda mais complexa. No caso das Assembleias de Deus, encontramos uma denominação dividida em "ministérios" que são liderados por pastores que não estão subordinados uns aos outros. Os mais conhecidos são a Assembleia de Deus Ministério de Madureira e a Assembleia de Deus Ministério do Belém.

Esses ministérios são agrupados em convenções: a Convenção Geral das Assembleias de Deus no Brasil (CGADB) e a Convenção Nacional das Assembleias de Deus Madureira (CONAMAD). Enquanto a CGADB, originária do ramo sueco, é considerada a "guarda-chuva" da denominação em território nacional, a CONAMAD foi fundada por brasileiros e obteve autonomia na década de 1980. Essas duas convenções, conhecidas popularmente como "Missão" e "Madureira", representam os principais ramos da Assembleia de Deus no Brasil.

COMO A IGREJA EVANGÉLICA SE MANTÉM?

O dízimo, termo que significa, literalmente, "a décima parte de algo", é a prática em que os fiéis são encorajados a contribuir com uma porcentagem fixa e mensal de sua renda, geralmente 10% do salário que recebem. A contribuição tem o propósito de sustentar atividades da igreja, como o pagamento de salários aos seus funcionários, despesas operacionais e projetos de assistência social.

NOÇÕES BÁSICAS

Algumas vertentes acreditam que o valor do dízimo é uma expressão de gratidão a Deus, que é o provedor dos recursos dos fiéis. Por essa razão, parte da provisão deve ser devolvida para Deus por meio de doações feitas à igreja.

A oferta, também conhecida como coleta ou doação, é a prática em que os fiéis são incentivados a contribuir com recursos financeiros voluntariamente para a igreja ou projetos específicos, geralmente vinculados à denominação.

Diferentemente do dízimo, a oferta não é um valor fixo ou uma porcentagem estipulada previamente, e cada indivíduo decide o montante que deseja doar. As ofertas são utilizadas para investir em iniciativas da igreja, como obras de caridade, manutenção do templo e investimento em programas evangelísticos, como a distribuição de Bíblias e folhetos destinados àqueles que não seguem a fé evangélica.

O QUE É UMA IGREJA EM CÉLULA?

A igreja "em célula" adota uma metodologia baseada na abordagem chamada "visão celular" ou G12, originada na Colômbia, nos anos 1980, sob a liderança de César e Cláudia Castellanos, pastores da Igreja Carismática Missão Internacional. O maior argumento para defender a formação das células é expandir o tamanho da denominação, que acontece a partir do treinamento dos recém-convertidos. A metodologia se baseia no princípio dos "doze", inspirado no fato de que Jesus tinha doze discípulos. Cada líder leva doze pessoas para a célula e, em seguida, cada participante é capacitado para formar uma nova célula com mais doze pessoas, por sua vez criando uma estrutura de cascata e impulsionando a expansão da igreja.

O QUE É UMA IGREJA EVANGÉLICA?

REFORMADA OU RENOVADA?

A Reforma Protestante é reconhecida como a base histórica das denominações evangélicas. O termo "igreja reformada", no entanto, se refere principalmente às tradições protestantes influenciadas pelo líder religioso João Calvino. A igreja presbiteriana é a principal e maior representante desse ramo no Brasil.

Já o termo "igreja renovada" é utilizado para descrever igrejas tradicionais que passaram por um processo de transição e adotaram práticas pentecostais. Essa mudança não implica um rompimento com a tradição anterior, mas uma renovação espiritual dentro da mesma estrutura denominacional. É possível fazer uma analogia, por exemplo, com os grupos carismáticos presentes na Igreja Católica. Igrejas renovadas e grupos católicos carismáticos representam a inclusão de práticas novas, inspiradas no pentecostalismo, como a de ter cerimônias mais movimentadas e participativas, com músicas animadas, interação entre líder e fiéis e a expressão emocional na forma de choro e de outras demonstrações de sentimento.

Entre as denominações que surgiram no processo de renovação, destacam-se a Igreja Presbiteriana Renovada do Brasil (IPRB), a Igreja Metodista Wesleyana e Convenção Batista Nacional (CBN), que congrega as igrejas batistas renovadas. Essas igrejas abraçaram aspectos do pentecostalismo, mantendo sua identidade denominacional.

MAIS DO QUE ESPAÇOS DE FÉ

No primeiro semestre de 2024, o Observatório da Religião do Cebrap revelou que 65% das instituições religiosas com CNPJ no Brasil são evangélicas, somando mais de 104 mil organizações. Mas até que ponto podemos chamar todas essas entidades de "igrejas"?

NOÇÕES BÁSICAS

No livro *The Divine Economy*, o economista britânico Paul Seabright propõe uma visão diferente, colocando igrejas como prestadoras de serviços. Segundo Seabright, religiões podem ser vistas como negócios cuja principal atividade é reunir pessoas. Elas oferecem desde serviços materiais, como creches e cestas básicas, até os espirituais, promovendo relacionamentos que dificilmente aconteceriam em outros contextos.

Muito se discute sobre o uso político da religião, mas a influência das igrejas evangélicas se deve também à sua forte presença em outros domínios da vida social. Um exemplo disso é o apoio a crianças e adolescentes em áreas onde o Estado não tem grande atuação, especialmente com atividades extracurriculares para famílias cujos pais trabalham fora — evitando que esses jovens sejam aliciados pelo crime.

Menos conhecida é a atuação das igrejas como centros de educação. As Assembleias de Deus, que juntas formam a segunda maior denominação do Brasil, frequentemente oferecem cursos de alfabetização de adultos. Além disso, fiéis desenvolvem habilidades como falar em público, analisar textos e gerenciar templos, promovendo aprendizado contínuo.

As igrejas também formam um ecossistema comunicacional. Eventos como acampamentos, shows gospel e Marchas para Jesus conectam templos e ampliam redes de relacionamento. Essas interações se mantêm via redes sociais e grupos de WhatsApp, todas usando uma linguagem comum: a Bíblia.

Durante a pandemia, o "soft power" cristão se fortaleceu, alcançando até quem não é evangélico. Exemplos incluem o especial do pastor Deive Leonardo na Netflix, as dicas de investimento de Eduardo Feldberg no canal Primo Pobre e o best-seller *Café com Deus Pai*, do pastor Junior Rostirola.

Não são apenas 104 mil igrejas. São 104 mil espaços de convívio que oferecem cuidado, facilitam encontros, treinam, conectam e influenciam cerca de 70 milhões de brasileiros. Pensar dessa maneira nos ajuda a entender por que tantos brasileiros vêm se aproximando desses espaços nos últimos 50 anos.

A IGREJA E A PRÁTICA DA CIDADANIA

Quem participa mais dentro do espaço religioso tem mais prestígio nas redes de ajuda mútua de sua comunidade. A maioria dos evangélicos brasileiros é composta por pessoas de baixa renda e subalternas; nos locais de trabalho, geralmente os trabalhadores se veem em uma realidade na qual é preciso usar uniformes, seus nomes são desconhecidos e precisam obedecer às regras. A igreja subverte essa realidade. Nela o fiel tem um nome, veste suas melhores roupas e, ao participar, é reconhecido.

Em igrejas históricas, como a Metodista e a Luterana, há um ambiente de igualdade radical. Ao ser batizada, a pessoa se torna membro e tem os mesmos direitos para participar das tomadas de decisão. "É um processo dinâmico de aprendizado democrático", diz o pastor e sociólogo Valdinei Ferreira. "Ao acompanhar as assembleias, os membros aprendem regras parlamentares, como pedir a palavra, fazer uma intervenção, apresentar um projeto substitutivo e encaminhar propostas."

Em contraste, alguns setores do evangelicalismo possuem uma estrutura fortemente centralizada e hierárquica. Nessas denominações, pastores-presidentes ou bispos mantêm controle rigoroso sobre todos os aspectos, com a programação padronizada em nível nacional. A rotatividade de pastores é frequente, o que dificulta a formação de vínculos locais, e o estatuto dessas igrejas é extremamente rígido, garantindo que as diretrizes institucionais sejam seguidas à risca, limitando tanto a autonomia pastoral quanto a participação democrática dos fiéis.

2

VOCABULÁRIO BÁSICO

PEQUENO DICIONÁRIO DE CRENTÊS

Hoje já vemos termos "nativos" das igrejas evangélicas sendo usados na comunicação formal e informal fora de ambientes de cultos, até mesmo por pessoas que não são evangélicas. Os itens a seguir incluem expressões populares usadas em uma ou mais denominações e seus respectivos significados.

A VOLTA DE JESUS/SEGUNDA VINDA

A Segunda Vinda é a crença de que, no futuro, Jesus Cristo retornará à Terra. Para os evangélicos, essa promessa é importante porque acreditam que é nesse momento que Ele julgará todas as pessoas. Aqueles que seguiram seus ensinamentos serão recompensados e o mundo será restaurado, pondo fim ao sofrimento e à injustiça.

A Bíblia afirma que ninguém sabe exatamente quando esse evento ocorrerá, mas os cristãos creem que será um fenômeno visível a todos.

VOCABULÁRIO BÁSICO

Jesus aparecerá de maneira gloriosa, acompanhado por anjos, e os mortos ressuscitarão. Nesse momento, Ele separará aqueles que viveram de acordo com seus ensinamentos dos que não viveram, oferecendo vida eterna aos justos.

A Segunda Vinda também marca o início de um novo mundo, no qual não haverá mais dor ou tristeza. Embora a data seja desconhecida, os cristãos são incentivados a viver segundo as normas bíblicas, aguardando essa renovação, que simboliza o cumprimento final do plano de Deus para a humanidade.

ALTAR

O altar pode variar em tamanho e forma, mas geralmente é localizado no centro ou na parte frontal do espaço de culto. Pode ser elevado ou estar ao nível do chão, dependendo do estilo arquitetônico do templo.

Na tradição evangélica, o altar é usado para diferentes propósitos, como a consagração de pastores, o batismo, a celebração da comunhão e a oração. Também pode ser utilizado como um espaço onde os fiéis fazem votos, buscam cura ou dedicam suas vidas a Deus.

APELO

É uma etapa do culto em que um líder ou pastor convida os presentes a tomarem uma ação específica, como aceitar Jesus, confessar seus pecados, buscar o batismo, renovar o compromisso com Deus ou se juntar à comunidade da igreja. É um momento em que cada indivíduo pode responder pessoalmente à mensagem pregada pelo pastor.

BÊNÇÃO

Benefício recebido de Deus. Pode se manifestar de várias maneiras, abrangendo desde provisão material, saúde e paz interior até relacionamentos saudáveis, sucesso profissional e crescimento espiritual.

O termo bênção também pode ser usado como saudação ou resposta positiva, transmitindo votos de bem-estar e prosperidade.

Também existe a "bênção apostólica", que o pastor concede no final do culto, e por isso é especial.

CAMPANHA

As igrejas evangélicas promovem campanhas com propósitos diversos, desde ações sociais até as que visam o fortalecimento espiritual dos fiéis. As campanhas representam iniciativas direcionadas à conscientização e mobilização em torno de causas ou problemas específicos.

Entre as igrejas pentecostais, é comum a realização de campanhas de oração com durações específicas, como sete dias, três semanas ou quarenta dias. Os neopentecostais promovem campanhas focadas principalmente em questões financeiras. Já os evangélicos históricos e de missão realizam campanhas de oração, mas sem duração específica, e campanhas sociais para arrecadar fundos para projetos humanitários.

CASAMENTO

Para os evangélicos, o casamento é um compromisso estabelecido entre duas pessoas diante de seus familiares e da igreja. Os noivos deixam a casa de seus pais para formar uma nova família e consideram sua união uma aliança diante de Deus. Diferentemente do casamento católico, a cele-

VOCABULÁRIO BÁSICO

bração não é considerada um sacramento, ou seja, não é uma cerimônia sagrada que deve ser realizada na igreja por um sacerdote. Isso permite que os casamentos evangélicos ocorram em diferentes locais além das igrejas, como salões e sítios. Essa diferença teológica é uma das muitas tradições distintas entre o protestantismo e o catolicismo.

CHAMADO

Convite ou direcionamento percebido como vindo diretamente de Deus para um indivíduo se dedicar a um ministério ou serviço específico na igreja ou sociedade.

Pode envolver liderança pastoral, missões, serviço social, ensino, adoração ou outras áreas de serviço dentro da igreja ou na comunidade, como o evangelismo — ações programadas de divulgação da fé evangélica, como, por exemplo, a distribuição de panfletos ou a realização de cultos em praças públicas.

O chamado é considerado uma responsabilidade e uma oportunidade de servir a Deus e aos outros, cumprindo a vontade divina de promover o reino de Deus na Terra. Por exemplo, pastores e missionários testemunham terem sido chamados por Deus para exercerem suas respectivas vocações.

CÍRCULO DE ORAÇÃO

Terminologia usada para se referir ao conjunto de mulheres das Assembleias de Deus que se reúnem com frequência para realizar orações, entoar cânticos, estudar as Escrituras Sagradas e partilhar vivências.

A expressão "dirigente do círculo de oração" é atribuída às mulheres que exercem a liderança do Círculo. A líder tem a possibilidade de encarregar-se da organização de eventos especiais, tais como congressos e festas temáticas, muito comuns nas Assembleias de Deus.

CONGREGAÇÃO

Grupo de fiéis que se reúne para participar de atividades da igreja, como cultos. No catolicismo, o termo similar é paróquia. Representa a filial de uma denominação. Nesse ambiente, as pessoas se encontram para praticar a fé, aprender sobre os ensinamentos religiosos, compartilhar experiências e fortalecer a conexão com a comunidade da igreja.

CONGREGAR

Termo usado por alguns evangélicos para descrever a participação ativa nos cultos, o que implica juntar-se a outros fiéis em um local designado, no qual todos participam dos momentos de louvor, das orações, das pregações e do estudo da Bíblia. Ao congregar, os fiéis visam fortalecer sua fé, compartilhar experiências e se conectar com a comunidade a que pertencem. É uma forma de participação ativa na vida religiosa e de cultivar o relacionamento com Deus e outros crentes.

CONSAGRAÇÃO

Período em que os evangélicos se dedicam à oração, ao jejum e à busca espiritual, tanto individualmente quanto em comunidade. Durante esse tempo, são realizados cultos nos quais os fiéis participam de longas horas de jejum e oração.

VOCABULÁRIO BÁSICO

Nas igrejas pentecostais, esses cultos de consagração são comuns, enquanto nas neopentecostais a consagração é enfatizada especialmente para os pastores. O tempo de consagração é análogo a momentos bíblicos significativos, como a experiência de Ester, que jejuou e orou por três dias antes de se apresentar ao rei (Ester 4,16), e o exemplo de Daniel e seus amigos, que se abstiveram de comer a comida do rei para se consagrarem ao Deus de Israel (Daniel 1). Essas histórias da Bíblia são usadas como inspiração e guia para os cristãos durante os períodos de consagração.

O termo também é usado para se referir à apresentação de crianças recém-nascidas, que são consagradas a Deus no altar durante o culto.

DESLIGAMENTO

Procedimento presente em várias denominações evangélicas, utilizado em situações extremas após um processo disciplinar. Não implica a expulsão completa de um indivíduo da comunidade. A pessoa que sofreu desligamento ainda pode participar dos cultos e eventos da igreja, mas não tem os mesmos direitos e deveres dos outros fiéis.

DOM DE LÍNGUAS OU FALAR EM LÍNGUAS ESTRANHAS/GLOSSOLALIA

O dom de línguas é um dos dons espirituais mencionados na Bíblia, especialmente no Novo Testamento. Para os evangélicos pentecostais, neopentecostais e renovados, o dom de línguas se refere a uma capacidade concedida pelo Espírito Santo, que permite que uma pessoa fale em uma língua desconhecida ou celestial durante momentos de adoração e oração.

Para os pentecostais clássicos, como os fiéis das Assembleias de Deus e da Congregação Cristã, o dom de línguas é considerado a evidência de que alguém foi batizado com o Espírito Santo.

É visto como uma manifestação do poder de Deus e um meio de comunicação espiritual entre os que recebem o dom. Pode ser expresso de diferentes formas, incluindo línguas humanas desconhecidas ou uma linguagem espiritual não compreendida pelos ouvintes, como a língua dos anjos, por exemplo.

DONS ESPIRITUAIS

Os dons espirituais, concedidos por Deus a alguns cristãos para cumprir um papel especial na igreja ou na sociedade, não estão presentes em todos. Entretanto, os evangélicos acreditam que é importante buscar com dedicação os melhores dons. Esses dons funcionam como talentos espirituais que habilitam os crentes a servir tanto em suas vidas pessoais quanto na igreja.

Por exemplo, algumas pessoas podem ter o dom de ensinar, ou seja, têm uma habilidade essencial para explicar coisas difíceis de entender. Outras podem ter o dom de ajudar, são muito boas em cuidar dos outros e oferecer apoio. Esses dons são vistos como algo que Deus dá às pessoas para que elas possam fazer a diferença e servir aos outros de forma única.

Entre os evangélicos, especialmente pentecostais e neopentecostais, há uma distinção clara entre dons espirituais e dons ministeriais. Os dons espirituais, conforme descritos em 1 Coríntios 12, são nove e incluem profecia, línguas e cura, sendo manifestações especiais do Espírito Santo para o bem da comunidade. Já os dons ministeriais, por sua vez, estão relacionados a serviços práticos, como ensinar, pastorear e liderar, desempenhando um papel essencial no funcionamento da igreja.

VOCABULÁRIO BÁSICO

DOUTRINA

Consiste em um conjunto de crenças e princípios que moldam a fé e moralidade dos fiéis. A doutrina inclui a crença em Deus, a necessidade de fé em Jesus Cristo para a salvação, e a Bíblia como o guia de vida e prática religiosa. Diferentes igrejas evangélicas, como a Batista e a Assembleia de Deus, seguem doutrinas distintas, como a salvação pela fé em Jesus e a importância do batismo pelo Espírito Santo, respectivamente.

EVANGELISMO

Prática de pregar ou disseminar os princípios e ensinamentos cristãos. Este termo — derivado do grego *euangelion*, que significa "boa notícia" ou "boa mensagem" — encapsula a prática de comunicar doutrinas evangélicas com o propósito de atrair adeptos e promover a adesão à fé cristã.

As modalidades de evangelismo são diversas e incluem abordagens individuais e coletivas. O evangelismo pessoal, por exemplo, ocorre por meio de interações informais e relações interpessoais, enquanto eventos evangelísticos em grupo podem envolver atividades organizadas por igrejas ou instituições religiosas. Ademais, mídias e tecnologias de comunicação modernas são empregadas no evangelismo, tais como o rádio, a televisão, as plataformas na internet, as redes sociais e a literatura religiosa, visando alcançar audiências mais amplas.

FÉ

Algo que vai além do que pode ser comprovado cientificamente. Por exemplo, uma cura ou uma conversão pela fé não pode ser examinada empiricamente. Para o crente, é uma experiência pessoal com Deus. Uma citação que ilustra o sentido da palavra "fé" está em Hebreus: "A fé é o firme fundamento das coisas que se esperam, e a prova das coisas que se não veem" (Hebreus 11,1).

ÍMPIO/HEREGE/APÓSTATA/INCRÉDULO

Termos usados para se referir a alguém que vive em desobediência a Deus e que não segue os ensinamentos da Bíblia.

LEVITA

Nas igrejas pentecostais e neopentecostais, a palavra "levita" pode ser usada para se referir a pessoas que desempenham funções relacionadas à música e ao louvor na igreja e no seu respectivo templo. Os levitas são responsáveis por planejar e conduzir o louvor da comunidade, tocando instrumentos musicais, cantando e dirigindo a adoração durante os cultos.

MILAGRE

Evento extraordinário e sobrenatural que ocorre através da intervenção direta de Deus, ultrapassando leis naturais. Um exemplo clássico é a cura sobrenatural de doenças; muitos evangélicos acreditam que a oração fervorosa e a fé podem resultar na intervenção divina, remediando ou tratando completamente condições médicas consideradas incuráveis. Além disso, alguns evangélicos associam milagres ao sucesso financeiro, interpretando-o como uma bênção de Deus, obtido por meio da fé e obediência aos princípios bíblicos, resultando em situações de prosperidade.

VOCABULÁRIO BÁSICO

A percepção sobre os milagres é diversificada. Algumas correntes adotam uma abordagem mais cautelosa, questionando interpretações literais e buscando uma compreensão equilibrada ao atribuir eventos extraordinários a causas naturais ou contextos específicos. Essa postura crítica reflete a tentativa de harmonizar a fé com uma visão mais racional do mundo. Por outro lado, há correntes que defendem a importância da confiança incondicional na intervenção divina, considerando-a essencial para vivenciar e testemunhar a contínua manifestação de milagres.

OBREIRO

O termo pode ter diferentes significados, dependendo da denominação. Nas Assembleias de Deus, por exemplo, é mais abrangente, englobando homens que ocupam cargos de liderança, como diáconos, evangelistas, presbíteros e pastores. Já em algumas denominações neopentecostais, como a Universal e a Mundial, o obreiro é o colaborador que recepciona os visitantes e auxilia o pastor nas atividades da igreja.

Em geral, o termo "obreiro" refere-se a quem desempenha funções dentro da igreja, com uma ampla variedade de atividades como a evangelização, o aconselhamento e as visitas a membros que enfrentam dificuldades (como doenças, luto ou idade avançada), até a organização de eventos, cultos, grupos de estudo bíblico e campanhas missionárias.

Espera-se que o obreiro tenha uma trajetória de serviço e dedicação à igreja, servindo como modelo para os demais membros. Por essa razão, muitas igrejas estabelecem critérios específicos para quem ocupa essa posição, visando garantir que os obreiros sejam exemplos de fé e conduta cristã. Geralmente, é esperado que o obreiro tenha anos de envolvimento na igreja, mantenha uma vida de oração regular, conheça bem a Bíblia, participe ativamente nos cultos e nas atividades da igreja, e tenha conduta pessoal exemplar. Ter a vida financeira organizada e uma boa reputação na comunidade em geral também são requisitos comuns. A família do obreiro também é frequentemente avaliada, de modo a ser um exemplo de lar cristão.

Embora o trabalho do obreiro seja geralmente voluntário, em algumas igrejas aqueles que se dedicam integralmente a essas funções podem ser remunerados.

ORAÇÃO AO CONTRÁRIO

Forma de oração que expressa intenções maliciosas e prejudiciais em relação ao outro. Essa prática é semelhante ao conceito popular de "olho gordo" e é desaprovada pela maioria dos evangélicos.

ORAÇÃO/PRECE

Em algumas igrejas, os fiéis vocalizam suas orações, enquanto em outras optam por uma comunicação silenciosa, orando internamente. Na tradição católica, as rezas costumam ser recitadas com base em textos estabelecidos. Já nas igrejas evangélicas, as preces tendem a ser espontâneas, porém sempre direcionadas a Deus, e frequentemente finalizadas com a frase "Em nome de Jesus, amém". Contudo, o "Pai Nosso" é uma exceção, sendo proferido por ambas as tradições, com sutis diferenças em sua forma.

ORDENAÇÃO

Cerimônia em que o pastor ou outro líder é formalmente reconhecido e autorizado a exercer um cargo específico dentro da igreja. Geralmente, o

VOCABULÁRIO BÁSICO

processo envolve etapas e cerimônias que variam de acordo com a vertente e tradição específica da denominação. Para se tornar um pastor em uma igreja evangélica, é comum que o indivíduo seja submetido a um processo de ordenação pela própria igreja, assim como para ser padre na Igreja Católica é necessário ser ordenado como presbítero por um bispo católico.

PALAVRA DE DEUS

Em primeiro lugar, ela se refere à Bíblia, que é considerada a Palavra escrita de Deus. Os evangélicos acreditam que a Bíblia é divinamente inspirada e contém a mensagem e a vontade de Deus para a humanidade. A Bíblia muitas vezes é mencionada como Escrituras Sagradas, e é vista como a autoridade máxima em questões de fé e prática.

A "Palavra de Deus" também se refere ao ato de pregação ou sermão. Quando um pregador compartilha a mensagem bíblica com a igreja, está transmitindo a Palavra de Deus.

PRESENÇA DE DEUS

Expressão utilizada para descrever a experiência de sentir a presença divina durante cultos ou em momentos de adoração.

PROFECIA

Há diferentes interpretações a respeito do significado da palavra "profecia". A ideia central é que as Escrituras Sagradas contêm profecias, que são uma mistura de relatos históricos e revelações sobre o futuro.

PEQUENO DICIONÁRIO DE CRENTÊS

Alguns acreditam que, atualmente, qualquer crente pode ter o dom da profecia, o que lhes permite ter alguma revelação sobre o futuro. No entanto, outros a consideram dom exclusivo dos personagens bíblicos.

PROFISSÃO DE FÉ

É um rito presente em algumas denominações evangélicas, no qual um jovem ou adulto faz uma declaração pública de sua fé em Jesus Cristo como Salvador e Senhor. Esse momento, realizado diante da congregação de uma igreja, simboliza a decisão consciente e pessoal de seguir os ensinamentos de Cristo, comprometendo-se com uma nova vida pautada pela fé cristã. Na tradição evangélica, a profissão de fé marca o ponto em que a pessoa declara ter passado por uma conversão interior, aceitando Jesus como mediador entre Deus e a humanidade, e rejeitando práticas e comportamentos anteriores que não condizem com a fé.

Antes da profissão de fé, a pessoa geralmente passa por um período de instrução bíblica e reflexão, no qual aprende os princípios e doutrinas fundamentais do cristianismo. Esse processo é seguido de uma apresentação pública, quando o indivíduo verbaliza sua crença e seu desejo de seguir Cristo. Em algumas igrejas, essa declaração é um pré-requisito para o batismo, que simboliza a purificação dos pecados e o início de uma nova vida em Cristo. Em igrejas que batizam na infância, a profissão de fé é realizada na adolescência, quando o crente, em idade madura, confirma publicamente sua decisão de seguir aquela religião.

PROPÓSITO

Em alguns círculos evangélicos, o termo "propósito" se refere a períodos de tempo dedicados à busca do favor divino, em que alguns crentes chegam a jejuar. Embora tenha semelhanças com as promessas feitas aos santos pelos católicos, os evangélicos entendem como uma maneira de expressar devoção e buscar o favor de Deus.

PÚLPITO

Estrutura elevada, fixa ou móvel, na qual o ministro ou pregador se coloca para proclamar sermões e mensagens durante os cultos. Pode ser de madeira, pedra ou metal, dependendo do estilo da igreja. O objetivo da estrutura é proporcionar um ponto de destaque para comunicar a Palavra de Deus e compartilhar ensinamentos com a congregação, destacando o papel do líder religioso como mensageiro da fé e da palavra divina. Facilita a comunicação e a interação entre o pregador e os fiéis. Normalmente, fica no altar, ocupando uma posição central, e é o local onde o pregador coloca sua Bíblia e suas anotações durante a pregação ou discurso.

REINO DE DEUS

O Reino de Deus é entendido tanto como uma maneira de viver no presente quanto como a esperança de um futuro renovado. Para os evangélicos, o Reino já está espiritualmente presente nas atitudes e escolhas de quem pratica valores como justiça, amor e compaixão. Ao mesmo tempo, os evangélicos acreditam que o Reino de Deus será plenamente realizado no futuro, quando Deus transformará o mundo por completo, instaurando paz e justiça definitivas.

RETETÉ

Expressão informal usada para descrever manifestações espirituais durante os cultos pentecostais. Engloba danças, línguas estranhas e outras manifestações interpretadas como ação do Espírito Santo. O termo é frequente em igrejas categorizadas pelo IBGE como "pentecostais sem denominação conhecida". Muitas vezes é alvo de críticas por líderes de denominações pentecostais clássicas, como as Assembleias de Deus e Deus é Amor, que consideram que ele banaliza a espiritualidade pentecostal.

REVELAÇÃO

Os evangélicos acreditam que a Bíblia é uma revelação inspirada por Deus, escrita por diversos autores ao longo de séculos. Ela contém os ensinamentos, os princípios e a vontade de Deus para as pessoas.

No pentecostalismo, alguns crentes acreditam no "dom de revelação", que é visto como uma capacidade concedida por Deus a certos indivíduos para anunciar informações ocultas ou desconhecidas sobre a vida dos crentes.

SANTA CEIA

Também conhecida como "Ceia do Senhor", é uma prática comum nas igrejas evangélicas que remonta à Última Ceia de Jesus Cristo com seus discípulos. É uma cerimônia em que os fiéis compartilham pão e suco de uva (ou vinho), simbolizando o corpo e o sangue de Jesus, respectivamente.

Embora semelhante à Eucaristia católica, existem algumas diferenças fundamentais entre as duas práticas. Na Eucaristia católica, acredita-se que o pão e o vinho se tornam literalmente o corpo e o sangue de Cristo

VOCABULÁRIO BÁSICO

durante a consagração. Para os evangélicos, o pão e o vinho (ou suco de uva) são vistos como símbolos da presença espiritual de Jesus, e não uma transformação literal. Dependendo da denominação, a Santa Ceia pode ser celebrada mensalmente ou com menor frequência, sendo reservada para ocasiões especiais, como a Páscoa.

SAUDAÇÕES

Em cada igreja, os fiéis têm formas distintas de cumprimentar uns aos outros. Alguns exemplos dessas saudações incluem:

"Paz do Senhor" — Pentecostais (Assembleias de Deus; Deus é Amor; O Brasil para Cristo; igrejas independentes etc.).

"Paz de Deus" — Congregação Cristã.

"Paz e Graça" — Batistas/Quadrangular.

"Feliz sábado" aos sábados, e "Maranata" nos outros dias — Adventistas.

Não é comum que presbiterianos e episcopais se cumprimentem com saudações semelhantes às descritas acima; em vez disso, utilizam cumprimentos do cotidiano, como "Bom dia", "Boa noite" etc.

SECULAR

O termo é usado para descrever o que está fora do âmbito religioso ou não está diretamente ligado à fé evangélica. Por exemplo, o trabalho fora da igreja, uma pessoa que não é evangélica, uma música que não seja gospel ou um livro que não trate de temas religiosos são considerados seculares. Embora algumas pessoas utilizem o termo de forma negativa como sinônimo de "pagão", geralmente o termo se refere a algo pertencente à vida cotidiana, que não faz parte do mundo espiritual, contrastando com o que é considerado "sagrado" ou centrado em Deus.

SUBIR AO MONTE

Entre segmentos pentecostais e neopentecostais, é comum a prática de subir a montanhas ou a lugares elevados na natureza para orar. Essa atividade, conhecida como subida ao monte, é inspirada pela leitura do Antigo Testamento, onde profetas e personagens bíblicos buscavam conversar com Deus em lugares altos, como nas montanhas.

Exemplos incluem o profeta Moisés, que subiu ao monte Sinai para receber os mandamentos de Deus (Êxodo 19,3-20), e Elias, que orou no monte Carmelo pedindo a ajuda de Deus (1 Reis 18,19-39). Além disso, no Novo Testamento, Jesus também buscava lugares elevados para orar, como registrado em Lucas 6,12: "Naqueles dias, Jesus retirou-se para o monte a fim de orar, e passou a noite orando a Deus."

A prática carrega um simbolismo: o desejo de se aproximar de Deus, afastar-se das distrações do cotidiano e buscar intimidade com o divino em um ambiente de silêncio e contemplação.

A expressão se popularizou fora do meio evangélico durante a eleição presidencial de 2018 por ter sido mencionada ao longo da campanha pelo então candidato Cabo Daciolo. Entre atividades públicas, Daciolo se afastava para "subir ao monte para jejuar e orar".

Embora não seja um mandamento bíblico, a subida ao monte é valorizada como uma expressão de devoção a Deus.

TESTEMUNHO

Relato para inspirar outros fiéis a acreditar na provisão divina. Durante esse momento, são compartilhadas histórias de superação, libertação, cura emocional e reconciliação de relacionamentos. Os testemunhos são uma forma tangível de demonstrar o poder divino em ação e criar um senso de comunidade, encorajando todos os fiéis da denominação em questão a exercitarem a confiança em Deus.

VOCABULÁRIO BÁSICO

Nas igrejas históricas e pentecostais, os testemunhos costumam ser esporádicos, compartilhados quando algum dos fiéis sente o desejo de relatar uma experiência particular. Entretanto, na Congregação Cristã, destina-se um momento específico para os testemunhos dos fiéis em todos os cultos, tornando-os regulares. Já nas igrejas neopentecostais, é habitual que os fiéis relatem testemunhos de curas e libertações de vícios, como a ênfase em curas, libertação de vícios e promessas de sucesso financeiro, sendo uma prática recorrente durante os cultos.

TRINDADE

Conceito teológico fundamental no cristianismo, tanto no catolicismo quanto no protestantismo. Refere-se à crença de que Deus existe em três pessoas distintas: o Pai, o Filho (Jesus Cristo) e o Espírito Santo. Embora sejam três figuras distintas, a "Trindade" é entendida como um único Deus, coexistindo em perfeita unidade e igualdade.

De acordo com essa doutrina, o Pai, o Filho e o Espírito Santo são considerados igualmente divinos, compartilhando a mesma essência. Cada pessoa da "Trindade" desempenha um papel único na obra de Deus no mundo. O Pai é o criador e sustentador do universo, o Filho é o redentor da humanidade através de sua encarnação, morte e ressurreição, e o Espírito Santo é o consolador, guia e fortalecedor.

UNÇÃO

Capacitação especial que se acredita ser concedida por Deus através do Espírito Santo. Ajuda as pessoas a desempenharem diferentes papéis, como pastores, líderes, profetas e professores. No entanto, o significado da palavra pode ser mais amplo.

A depender da denominação, em orações especiais — como em casos de doença — o pastor unge as pessoas colocando as mãos na testa delas e aplicando um óleo perfumado.

Reis cristãos são ungidos — um exemplo histórico desse ritual ocorreu durante a coroação do rei Charles III, na Abadia de Westminster. No evento, o arcebispo de Cantuária impôs as mãos e ungiu o rei com óleo, representando a concessão de autoridade e a unção divina para que o rei Charles III pudesse exercer o cargo de monarca. Da mesma forma, no Antigo Testamento, Davi foi ungido como rei pelo líder religioso de Israel no período, o profeta e sumo sacerdote Samuel.

VARÃO E VAROA

Na terminologia pentecostal, "varão" e "varoa" são sinônimos de homem e mulher, respectivamente, com base em referências bíblicas. A palavra "varão" aparece no Antigo Testamento, como em Gênesis 2,23, referindo-se à circuncisão dos homens da casa de Abraão. Ao entrarem em uma igreja pentecostal, os fiéis podem ser chamados de "varão" ou "varoa", gesto que expressa respeito e reconhece a bênção de Deus em suas vidas.

VASO

A metáfora do "vaso" é usada para exaltar crentes mais devotos. Ela sugere que os evangélicos são moldados e usados por Deus para cumprir seu propósito divino. Cada pessoa é como um vaso nas mãos de Deus, capacitada e direcionada para cumprir um propósito específico na vida.

A metáfora é inspirada no capítulo 18 do Livro de Jeremias. No texto, Deus leva Jeremias à casa de um oleiro para ver o artesão moldando o barro. O significado profundo desse verso é que Deus, como o oleiro, pode pegar um "vaso quebrado", ou seja, uma pessoa com falhas e erros, e transformá-la em algo novo. Assim, muitos encontram na igreja uma oportunidade de recomeço.

VOCAÇÃO

Trata-se da convocação específica que Deus faz a uma pessoa para exercer determinada profissão ou ocupação. Acredita-se que os fiéis cumprem uma missão diária por meio de suas carreiras ou rotinas. Ou seja, Deus habilita e direciona os crentes em suas atividades profissionais, seja como médico, professor, empresário, artista, pastor, entre outras profissões.

WORSHIP

É um estilo de igreja, também conhecido como "igreja de parede preta", que atrai, principalmente, o público jovem. O culto é similar a uma palestra motivacional, acompanhada por bandas musicais e canções que envolvem toda a comunidade. O termo também faz referência a um estilo de música, com muitas repetições do refrão, como um mantra, utilizado nessas igrejas.

GÍRIAS

ATRIBULADO

No universo gospel esse termo pode ser utilizado de forma pejorativa para descrever alguém que está perturbado ou passando por dificuldades emocionais, espirituais ou materiais. É frequentemente associado à ideia de que a pessoa está sobrecarregada por problemas ou sofrimentos que, de alguma forma, seriam consequência de uma falha pessoal ou espiritual. Essa conotação negativa pode sugerir que o indivíduo está afastado de Deus ou não está vivendo plenamente de acordo com os princípios da fé, o que o tornaria vulnerável a tribulações.

CRENTE

No século XIX, os missionários estadunidenses que introduziram o protestantismo no Brasil adotaram para si o termo "crente" como uma maneira

VOCABULÁRIO BÁSICO

de se distinguir dos que seguiam a fé católica, muito popular no país. A palavra simbolizava a transição da descrença para uma nova vida de crença em Deus baseada na fé evangélica. Aqueles que abraçaram o protestantismo passaram a se autodenominar "crentes no Senhor Jesus Cristo". Posteriormente, a expressão foi reduzida para "crente".

DESIGREJADO

É o evangélico que não está associado a nenhuma igreja. Ele pode ter deixado de frequentar a igreja por diferentes motivos, mas ainda tem uma fé pessoal em Deus. Os "desigrejados" buscam espiritualidade e conexão com Deus fora das estruturas tradicionais da igreja física. Alguns frequentam de forma esporádica, enquanto outros optam por assistir aos cultos virtuais, estabelecendo vínculos com igrejas que possuem estruturas tradicionais sem necessariamente se filiar a elas. Optou-se pelo termo "desigrejado" para descrever esse fenômeno, por ser a nomenclatura mais comum. No entanto, a maioria desses grupos preferem ser identificados como "desinstitucionalizados", pois sentem que se distanciaram das regras e formalidades da igreja, mas continuam se vendo como parte da igreja de Cristo em um sentido mais amplo.

DESVIADO

Quando uma pessoa evangélica deixa de participar regularmente dos cultos ou tem um comportamento contrário àquele que é esperado pela igreja a que pertence, geralmente se diz que ela se desviou do caminho da salvação, por isso é considerada uma pessoa desviada. Esse termo é pejorativo.

DO MUNDO

Expressão utilizada para se referir a qualquer pessoa, objeto ou circunstância que não seja considerado evangélico(a); carrega uma conotação de separação entre aqueles que seguem a fé evangélica e o restante da sociedade. Evangélicos são pessoas "de Deus", e quem não é evangélico seria "do mundo".

Também é considerado um termo depreciativo e preconceituoso, porque sugere que pessoas de outras religiões não podem ser "de Deus". A ideia de "do mundo" deriva de interpretações bíblicas que enfatizam a diferença entre os valores e princípios do Evangelho e os padrões seculares. Essa separação é vista como uma forma de manter a integridade espiritual diante de influências consideradas negativas ou que desviam da vontade de Deus.

ESFRIAMENTO DA FÉ

Momento em que um fiel ou a comunidade evangélica sente em alguém uma redução na paixão, dedicação ou envolvimento com a fé cristã. Esse afastamento pode manifestar-se de forma sutil ou brusca, sendo percebido por uma só pessoa ou pela comunidade, que nota a mudança de atitude. Pastores recorrem ao Livro do Apocalipse para alertar sobre a condição:

> Tenho, porém, contra ti que abandonaste o teu primeiro amor. Lembra-te, pois, de onde caíste, arrepende-te e volta à prática das primeiras obras; e, se não, venho a ti e moverei do seu lugar o teu candeeiro, caso não te arrependas (Apocalipse 2,4-5).

VOCABULÁRIO BÁSICO

ESPADA DE FOGO

Entre os crentes pentecostais, a expressão é utilizada para se referir à Bíblia. A analogia é baseada no Livro de Hebreus (4,12), que descreve a Bíblia como a Palavra de Deus viva, mais penetrante do que qualquer "espada de dois gumes".

ESTAR NA CARNE

Descreve uma pessoa cristã que não dá bom exemplo aos outros, alguém que nega a fé por meio de suas atitudes.

EXPERIÊNCIA COM DEUS

Todas as religiões enfatizam a importância de seus seguidores terem experiências espirituais. No movimento evangélico, entretanto, o significado da expressão é mais amplo. Pode se tratar tanto de uma experiência pessoal como de um evento promovido pela igreja.

Representa um momento marcante na vida do evangélico, um ponto de virada em que ele percebe de maneira mais clara a vontade divina para sua vida.

É também um evento promovido pelas igrejas durante acampamentos destinados a simpatizantes que ainda não tomaram a decisão de se converter. Os eventos são planejados com o intuito de criar um ambiente propício para que os participantes possam refletir e considerar a decisão de aderir à religião.

GÍRIAS

FICAR DE BANCO

Expressão empregada em algumas igrejas, geralmente nas pentecostais e em algumas denominações históricas, como forma de disciplina imposta a um membro quando ele viola alguma norma da igreja. Essa sanção implica que o indivíduo seja afastado de suas atividades regulares na igreja por um período determinado, conforme estabelecido pela liderança.

Durante o tempo de disciplina, o crente é orientado a se afastar de funções ministeriais, como liderança em grupos, ensino ou qualquer atividade que envolva um papel ativo na igreja.

FICAR NO ÓLEO

Expressão utilizada entre crentes pentecostais para descrever a postura de um evangélico que aguarda com paciência e humildade pela intervenção de Deus em sua vida. No Antigo Testamento, o óleo simbolizava a presença da divindade.

INIMIGO

Referência ao diabo, que, na Bíblia, é o inimigo de Deus. Outros nomes usados para ele são: demônio, satanás, serpente, dragão, inimigo de vossas almas, tinhoso e cão.

MANTO

Quando um evangélico pentecostal ou neopentecostal fala em línguas, dança espontaneamente, pula ou roda na igreja, outros evangélicos presentes

VOCABULÁRIO BÁSICO

podem dizer que a pessoa está "no manto". Isso significa que ela está na presença de Deus, em um contato mais íntimo e profundo com o divino.

PROFETA DE BAAL

Faz referência a Baal, uma divindade cananeia associada à fertilidade e às tempestades, que era adorada pelos povos vizinhos aos israelitas e considerada um falso deus na Bíblia. O culto a Baal incluía práticas que eram vistas como abomináveis pelos israelitas, incluindo sacrifícios humanos e rituais de automutilação entre seus sacerdotes. Este é um termo pejorativo usado figurativamente para descrever aquele que segue crenças ou práticas religiosas contrárias aos ensinamentos bíblicos.

RAÇA DE VÍBORAS

Termo pejorativo, utilizado como xingamento. Aparece na Bíblia como a repreensão proferida por Jesus no Livro de Mateus (12,34). Nesse versículo, Jesus confronta os fariseus, líderes religiosos da época, ao questionar como eles proferiam palavras supostamente boas enquanto só havia maldade em seus corações: "Raça de víboras, como podeis falar coisas boas, sendo maus? Porque a boca fala do que está cheio o coração" (Mateus 12,34).

Hoje em dia, entre os evangélicos e cristãos em geral, a expressão pode ser usada para se referir a indivíduos ou grupos considerados hipócritas, falsos professores ou aqueles que não agem com boas intenções. É importante notar que seu uso pode ser controverso e ofensivo, e não representa necessariamente o ensinamento ou comportamento de todas as pessoas evangélicas. Como em qualquer situação, é importante ter cuidado ao usar expressões carregadas de conotações negativas para evitar conflitos e mal-entendidos.

GÍRIAS

TÁ AMARRADO

Expressão que se popularizou através dos programas de televisão da Igreja Universal. É utilizada em situações de exorcismo, quando pessoas que estão supostamente possuídas são libertadas por pastores que declaram verbalmente que o demônio está amarrado em nome de Jesus. Ao proferir "tá amarrado", os pastores declaram uma restrição simbólica nas ações do demônio sobre a vida daqueles que se encontram sob sua influência ou possessão.

A crença evangélica compreende que os fiéis acreditam que têm autoridade em Cristo para resistir ao mal. Quando dizem que o demônio está "amarrado em nome de Jesus", usam a crença na vitória de Jesus sobre as forças do mal. A expressão é usada em orações para repreender influências malignas e resistir a elas, confiando na proteção divina e na autoridade concedida aos crentes através da fé. É uma forma de expressar a crença na soberania de Jesus sobre o mal e o reconhecimento da autoridade espiritual dos seguidores de Cristo.

TRIBULAÇÃO/PROVA

Descreve uma situação difícil que uma pessoa está enfrentando, esteja ela relacionada a questões financeiras, problemas de saúde ou outros desafios pessoais. Um período de adversidade que demanda resiliência e superação para ser enfrentado.

VOCABULÁRIO BÁSICO

VIGIA

Termo utilizado para descrever alguém que está atento ao redor e observando com a expectativa de que outra pessoa possa estar prestes a pecar, ou seja, a agir de forma imprudente, cometer um erro ou se desviar do caminho correto. Costuma ser associado a um senso de alerta e supervisão, que visa prevenir potenciais problemas ou comportamentos inadequados.

3

PRINCIPAIS IGREJAS EVANGÉLICAS E TENDÊNCIAS TEOLÓGICAS NO BRASIL

HISTÓRICAS E MISSIONÁRIAS

Originadas durante ou imediatamente após a Reforma Protestante, estas tradições representam movimentos cristãos que aspiravam reformar os dogmas da Igreja Católica. No século XVI, o Brasil já acolhia missionários protestantes, como o luterano Heliodoro Heoboano (1488-1540). Contudo, foi no século XIX que o protestantismo se firmou no país, em duas ondas distintas: a Imigração, impulsionada pelo Tratado de Comércio e Navegação de 1810, e a Missão da Igreja Metodista dos EUA, que começa em 1836 com o pastor metodista Justus Spaulding (1802-1865) desembarcando no Rio de Janeiro. A interação dessas correntes com a cultura católica predominante influenciou profundamente a esfera política e social do país.

Algumas das igrejas históricas e missionárias mais relevantes no Brasil são:

ANGLICANA

O rei Henrique VIII da Inglaterra, ao desejar se divorciar de Catarina de Aragão, encontrou nas ideias reformistas de Martinho Lutero uma oportunidade para justificar uma ruptura com a Igreja Católica. Nesse contexto,

PRINCIPAIS IGREJAS EVANGÉLICAS E TENDÊNCIAS TEOLÓGICAS NO BRASIL

setores da população inglesa já demonstravam simpatia pelas ideias de Lutero, que criticavam a autoridade papal e defendiam uma reforma da Igreja. Entre esses setores estavam tanto a nobreza quanto a burguesia, que viam na quebra com Roma a possibilidade de enfraquecer o poder e as influências estrangeiras sobre a Inglaterra. O movimento luterano, que defendia a soberania nacional das igrejas e a livre interpretação das Escrituras, ofereceu uma justificativa plausível para Henrique VIII assumir o controle da Igreja na Inglaterra.

Atualmente, a denominação forma uma comunhão de igrejas caracterizada por sua diversidade em termos de linhas teológicas, práticas litúrgicas e enfoques pastorais. Por exemplo, a Igreja Anglicana no Chile tende a ser conservadora, enquanto no Brasil tem postura progressista.

No meio evangélico, ela é conhecida como uma igreja que fica em cima do muro em questões doutrinárias, pois adota uma teologia denominada como "via media" — espécie de caminho do meio entre os católicos romanos e os reformadores. Por isso, mesmo seguindo uma vertente de teologia protestante, a liturgia do seu culto é semelhante à da missa católica.

Representando essa tradição, temos a Igreja Episcopal Anglicana do Brasil (IEAB), que não disponibiliza o número de fiéis.

BATISTA

A Igreja Batista é uma denominação cristã protestante que se originou no início do século XVII, liderada por John Smyth (1570-1612) e Thomas Helwys (1550-1616). Sua fundação está vinculada à formação de uma congregação em Amsterdã, em 1609, onde Smyth e seus seguidores adotaram a prática do batismo exclusivo para adultos, após uma confissão pessoal de fé. Essa abordagem rompia com a tradição do batismo infantil e reforçava a autonomia da igreja local e a autoridade exclusiva da Bíblia. Helwys retornou à Inglaterra em 1612, estabelecendo a primeira igreja

HISTÓRICAS E MISSIONÁRIAS

batista no país e defendendo vigorosamente a liberdade religiosa, o que lhe custou a vida na prisão.

A denominação se expandiu rapidamente, especialmente nos Estados Unidos, onde figuras como Roger Williams (1603-1683) e John Clarke (1609-1676) fundaram as primeiras igrejas batistas na década de 1630. No Brasil, os batistas chegaram em 1881, com a fundação da Igreja Batista de Santa Bárbara d'Oeste por missionários norte-americanos, marcando o início de um crescimento expressivo no país.

No livro *O racismo na história batista brasileira: uma memória inconveniente do legado missionário*, o teólogo e pesquisador João B. Chaves utiliza fontes primárias coletadas em arquivos nos EUA para examinar como os missionários batistas que chegaram ao Brasil no final do século XIX estavam frequentemente associados à visão segregacionista predominante no Sul dos Estados Unidos. Essa herança racista, Chaves argumenta, influenciou as práticas e a estrutura das igrejas batistas brasileiras, que muitas vezes não acolhiam a população negra de forma igualitária.

É o maior grupo entre as igrejas evangélicas tradicionais do Brasil. Diferente de outras, que geralmente batizam jogando um pouco de água na testa, os batistas mergulham a pessoa completamente na água. Essa forma de batismo acabou sendo adotada por diversas igrejas pentecostais e neopentecostais no Brasil.

A ênfase na autonomia é uma característica de destaque das igrejas batistas, ou seja, cada igreja pode tomar decisões independentes em questões de fé e prática. As comunidades locais podem, então, se adaptar às necessidades específicas de seu contexto e seguir seus princípios sem interferência externa. Esse modelo, contudo, não impede a colaboração entre elas, que frequentemente se unem em associações ou convenções para realizar grandes projetos e se apoiam mutuamente.

A Convenção Batista Brasileira (CBB) é a principal entidade representativa dos batistas no país e a maior de seu tipo na América Latina. Ela reúne um total de 1.814.158 fiéis em mais de 9 mil igrejas em território nacional, segundo o levantamento de 2024 do *Jornal Batista*; é também mantenedora do Colégio Batista Brasileiro e das faculdades batistas presentes em diversos estados do Brasil. Paralelamente, a Convenção Batista Nacional (CBN), vertente renovada da denominação, congrega cerca de 400 mil fiéis em aproximadamente 2.700 igrejas, conforme dados do seu site oficial.

CONGREGACIONAL

No século XIX, os missionários americanos Robert Kalley (1809-1888) e Sarah Poulton Kalley (1825-1907) vieram para o Brasil e se estabeleceram em Petrópolis em 1855. Com o apoio do imperador d. Pedro II (1825-1891), conseguiram espalhar a fé protestante pela região. O imperador, que valorizava a diversidade religiosa e cultural, deu aos Kalley liberdade para praticar sua religião e pregar. Essa liberdade, marca do pensamento liberal da época, foi crucial para estabelecer a Igreja Congregacional no Brasil. De acordo com o IBGE 2010, a comunidade congregacionalista conta com 110 mil fiéis.

Além da relevância numérica, existe uma importância histórica e teológica, uma vez que a teologia congregacionalista exerce influência sobre outros setores evangélicos. Um exemplo marcante é observado na forma de governo eclesiástico adotada por diversas denominações, refletindo os princípios congregacionalistas de governança democrática e envolvimento direto dos fiéis da igreja nas decisões importantes.

CRISTÁ EVANGÉLICA

Apesar de não ser uma igreja de grande porte, a Igreja Cristá Evangélica, com raízes no congregacionalismo, ganhou notoriedade no meio evangélico através de suas publicações. Diversas denominações adquirem revistas para crianças, adolescentes e adultos da Editora Cristã Evangélica para o ensino da Bíblia, o que geralmente ocorre nas chamadas "escolas bíblicas dominicais" (EBD) nas manhãs de domingo.

DARBISTA

Originária da Irlanda, tem suas raízes na teologia dispensacionalista de John Nelson Darby (1800-1882), que interpreta a Bíblia como divisões de eras com interações distintas entre Deus e a humanidade. Por exemplo, a "Dispensação da Inocência" (antes do primeiro pecado cometido por Adão e Eva), a "Dispensação da Consciência" (do pecado original à arca de Noé), a "Dispensação do Governo Humano" (da arca de Noé até a dispersão da humanidade na torre de Babel) e assim por diante, até a "Dispensação do Reino Milenar" (um futuro reinado de Cristo na Terra). No Brasil, a mais notável denominação darbista é a Igreja Evangélica Casa de Oração. Essa igreja não disponibiliza o número de fiéis.

EXÉRCITO DE SALVAÇÃO

É uma organização evangélica de origem metodista cuja estrutura hierárquica é semelhante à de um exército. Fundado em 1865, em Londres, por William Booth (1829-1912), o Exército de Salvação dedica-se ao trabalho social e à pregação do Evangelho. Booth fundou a Missão Cristã em Londres com a esposa, Catherine, com o propósito de enfrentar a pobreza e o pecado. Treze anos depois, em 1878, a Missão Cristã se tornou o Exército de Salvação. Booth denunciava as baixas remunerações nas fábricas, expunha condições sociais precárias e providenciava abrigo, comida, emprego e assistência médica aos necessitados. Além disso, pregava o Evangelho a profissionais do sexo, alcoólatras e pobres urbanos sem ocupação fixa.

PRINCIPAIS IGREJAS EVANGÉLICAS E TENDÊNCIAS TEOLÓGICAS NO BRASIL

No Brasil, o Exército de Salvação está presente desde 1922 e realiza atividades sociais e religiosas em diferentes regiões do país. A organização é reconhecida pelo compromisso com a justiça social, já que busca ajudar pessoas em situação de vulnerabilidade e promover a transformação social. Seus integrantes se abstêm de álcool, drogas e evitam formas de diversão como festas e baladas, quando estas não se encaixam nos valores cristãos do movimento.

Lutam contra o aborto, a mortalidade infantil, o analfabetismo, a fome, o vício em álcool e outras substâncias, a prostituição e problemas vistos pelos integrantes como "males sociais". Estabelecem centros comunitários, abrigos para mães em situação de vulnerabilidade, acampamentos, hospitais e clínicas. Valorizam o ministério feminino e são conhecidos pela importância que dão à música — utilizam uma variedade de instrumentos musicais, incluindo pandeiros, tambores, pistões, trombones, violões, instrumentos eletrônicos, e adaptam letras religiosas a ritmos populares, como baladas, reggae, jazz, pagode e samba.

O suíço David Miche (1867-1935) ingressou no Exército de Salvação aos 19 anos. Entre os missionários pioneiros que vieram para o Brasil, Miche era o mais experiente. Em 8 de maio de 1922, desembarcou no Rio de Janeiro e conseguiu permissão para estabelecer a presença do Exército de Salvação no pavilhão brasileiro da Exposição Internacional, que celebrava o centenário da Independência do Brasil, de outubro de 1922 a julho do ano seguinte. Nesse período, foram distribuídos 40 mil folhetos sobre a organização fundada por William Booth 57 anos antes.

Diferentemente de outras missões que começaram no Brasil com poucos missionários, e todos de mesma nacionalidade, o Exército de Salvação iniciou com um grupo diversificado, de várias nacionalidades. Após David e sua esposa, Stella Miche, oficiais suecos, ingleses, dinamarqueses, alemães, noruegueses, canadenses, australianos, neozelandeses, norte-americanos, japoneses, chilenos e argentinos se juntaram à missão.

HISTÓRICAS E MISSIONÁRIAS

Em 12 de fevereiro de 1938, o Exército de Salvação inaugurou o Rancho do Senhor, também conhecido como Lar das Moças. O local oferece amparo a mães solo, prevenindo que as circunstâncias difíceis as forcem a se tornarem prostitutas. O Rancho do Senhor continua ativo até hoje e algumas dessas mulheres se tornaram membros do Exército de Salvação.

LUTERANA

Esta linhagem teológica remonta ao século XVI, e desempenhou um papel transformador na história religiosa, liderando a Reforma Protestante. O princípio da "Sola Scriptura" é central no luteranismo porque oferece uma alternativa à subordinação ao papa, propondo que a obediência seja ao que está escrito na Bíblia. É um questionamento à autoridade papal como intermediário da relação das pessoas com Deus. No luteranismo, a Bíblia se torna a única fonte de autoridade para assuntos de fé e prática. Os luteranos também rejeitam doutrinas e práticas da Igreja Católica Romana, como o purgatório e a mediação dos santos, sustentando que a salvação é alcançada pela fé em Jesus Cristo, não por meio de obras.

Os luteranos apreciam o conhecimento e a educação; são pioneiros na criação de escolas e universidades desde o início da Reforma, com o intuito de disseminar o conhecimento entre todos, independentemente de origem ou posição social. Martinho Lutero tinha interesse especial pela alfabetização e defendeu a leitura e o acesso universal à Bíblia, e propôs a educação básica como alicerce fundamental para uma sociedade justa e esclarecida. No Brasil, destacam-se duas principais denominações luteranas: a Igreja Evangélica de Confissão Luterana no Brasil (IECLB), que, de acordo com dados da própria, conta com uma comunidade de mais de 600 mil fiéis, e a Igreja Evangélica Luterana do Brasil (IELB), que, de acordo com dados desta, conta com cerca de 245 mil fiéis.

MENONITA

Valoriza a vida simples, o pacifismo e destaca a importância do batismo adulto. Por conta de suas crenças e da recusa em participar de defesa civil ou guerra, historicamente, essa denominação enfrentou perseguições e buscou refúgio em diversos países. No Brasil, sua presença se estabeleceu no século XX, sobretudo nas regiões sul e centro-oeste. Atualmente, está envolvida em atividades agrícolas e cooperativas, e mantém escolas e hospitais. A paz, a comunhão e a ajuda mútua são valores essenciais para a prática e identidade pacifista menonita — defensora, por exemplo, do desarmamento civil.

METODISTA

O termo "metodismo" tem suas raízes na ênfase que John Wesley (1703-1791), fiel anglicano e pioneiro do movimento, dava à disciplina espiritual e à adoção de "métodos" para a vida cristã. Começou como um movimento de renovação na Igreja Anglicana, em que os primeiros membros se reuniam em pequenos grupos conhecidos como "Sociedades". Cada um desses grupos também era chamado de "Clube Santo", por propor que a vida cristã fosse marcada pela disciplina pessoal.

O metodismo cresceu rapidamente e se tornou parte do movimento de Despertamento (Great Awakening) do século XVIII, que promoveu forte sentimento de fervor religioso e conversões em massa nos Estados Unidos e na Grã-Bretanha. Entretanto, o movimento metodista não se concentrou apenas em questões espirituais, tendo também um papel significativo em questões sociais e de justiça.

O movimento metodista foi pioneiro na luta pela abolição, pregando que a escravidão era um pecado moral, e muitos fiéis se engajaram ativamente em campanhas abolicionistas. Nos Estados Unidos, metodistas

HISTÓRICAS E MISSIONÁRIAS

como Richard Allen e outros líderes afro-americanos desempenharam papéis importantes na organização de igrejas que se tornaram centros de resistência contra a escravidão e na promoção dos direitos civis, incluindo a fundação da Igreja Episcopal Metodista Africana (AME).

No Brasil, a Igreja Metodista do Brasil (IMB) é a principal representante desta vertente. De acordo com dados da própria instituição, a IMB conta com uma comunidade de cerca de 260 mil fiéis. Em paralelo, a Igreja Metodista Wesleyana (IMW), de acordo com dados da própria, conta com mais de 100 mil adeptos, e é uma denominação renovada que surgiu de uma divisão da IMB. A Igreja Metodista Livre (IML) congrega cerca de 10 mil fiéis e tem como base a comunidade nipo-brasileira.

PRESBITERIANA

As denominações presbiterianas atribuem profundo valor à autoridade suprema da Bíblia e, por influência do pensamento calvinista, defendem a chamada "doutrina da predestinação". Para eles, Deus predestinou aqueles que serão salvos, ou seja, apenas os escolhidos pela graça soberana de Deus alcançarão o Paraíso, porque ninguém conquista o paraíso ou é digno dele por mérito próprio. Essas ideias foram propostas pelo pastor e escritor francês João Calvino, que desenvolveu o conceito inicialmente formulado por Agostinho de Hipona (354-430), filósofo e santo venerado pela Igreja Católica.

O termo "presbiteriano" vem da palavra grega *presbyteros*, que significa "ancião". A palavra, nesse caso, não tem relação com a idade da pessoa, mas com seu tempo de experiência dentro da igreja. Em comparação à estrutura fechada de tomada de decisões da Igreja Católica, em que as lideranças são apontadas pelos bispos, por exemplo, na tradição presbiteriana as lideranças são eleitas pelos fiéis.

PRINCIPAIS IGREJAS EVANGÉLICAS E TENDÊNCIAS TEOLÓGICAS NO BRASIL

Por isso, líderes leigos também colaboram com pastores na tomada de decisões relevantes para a comunidade religiosa. Essa abordagem participativa é uma expressão de sua crença na importância da liderança compartilhada e do respeito aos membros da igreja.

Os presbiterianos dão grande importância à educação e à assistência social, sendo os fundadores de instituições como a Universidade Presbiteriana Mackenzie, o Hospital Samaritano, a Associação Bethel Casas Lares, a Associação Evangélica Beneficente, entre outras organizações.

No Brasil, a Igreja Presbiteriana do Brasil (IPB) e a Igreja Presbiteriana Independente do Brasil (IPI do Brasil) são as principais representantes desta tradição. A primeira, de acordo com a própria instituição, conta com 702 mil fiéis e a segunda, de acordo com dados da própria IPI do Brasil, contava, em 2019, com 95 mil fiéis. Outras denominações são a Igreja Presbiteriana Unida (IPU), fundada a partir de um cisma da IPB na época da ditadura, com visão mais ecumênica e progressista; e a Igreja Presbiteriana Conservadora (IPC), originária de um desligamento da IPI nos anos 1940, com postura mais fundamentalista. Por fim, a Igreja Presbiteriana Renovada (IPR), que nasceu da fusão de segmentos pentecostais da IPB e IPI na década de 1970, e, segundo a própria instituição, congregava em 2013 cerca de 142 mil fiéis.

RESTAURACIONISTAS

No século XIX, os Estados Unidos vivenciaram um período de grande agitação religiosa, conhecido como Movimento de Despertamento, também chamado de Segundo Grande Despertar. Essa fase, marcada por um renascimento espiritual no campo evangélico, surgiu em resposta às rápidas mudanças sociais, como a expansão para o oeste e a rápida expansão urbana. Frente à incerteza das transformações, muitas pessoas buscavam direção espiritual e respostas, levando ao surgimento de novas denominações evangélicas e das chamadas igrejas restauracionistas.

O movimento atraiu pessoas que se sentiam marginalizadas pelas instituições religiosas tradicionais e buscavam uma nova comunidade e esperança. Elas acreditavam que a renovação espiritual poderia oferecer estabilidade e propósito para suas vidas, além de um futuro melhor. A fé e a moralidade eram vistas como ferramentas para restaurar a ordem e promover justiça na sociedade, oferecendo uma solução para os desafios e as incertezas do período.

Em busca de autenticidade e renovação espiritual, emergiram as igrejas restauracionistas, cujas abordagens e crenças frequentemente as distanciavam do universo evangélico tradicional. Grupos como Testemunhas de

Jeová e Igreja de Jesus Cristo dos Santos dos Últimos Dias, comumente chamada de mórmon — termo considerado ofensivo pelos fiéis —, não se autodenominam protestantes. Esses grupos não são reconhecidos pela comunidade evangélica como igrejas irmãs e muitas vezes são classificados pejorativamente como "seitas".

Esses grupos veem a si mesmos como uma restauração da Igreja verdadeira, e tendem a se isolar e a serem isolados por outras denominações por se autoproclamarem como detentores da verdade absoluta. Suas doutrinas geralmente divergem das crenças evangélicas tradicionais, especialmente ao negar a "Trindade" (a crença em Deus como Pai, Filho — Jesus Cristo — e Espírito Santo), um princípio fundamental para muitos evangélicos, e no reconhecimento de outras fontes de autoridade além da Bíblia.

A IGREJA DE JESUS CRISTO DOS SANTOS DOS ÚLTIMOS DIAS (MÓRMONS)

Os fiéis da Igreja de Jesus Cristo dos Santos dos Últimos Dias, popularmente conhecidos como mórmons, têm uma teologia distinta da do protestantismo. Seus fiéis acreditam em outros livros sagrados além da Bíblia, os mais conhecidos são: *O livro de mórmon*, *Pérola de grande valor* e *Doutrina e convênios*. Além disso, a visão mórmon sobre a natureza de Deus difere da doutrina trinitária, ensinando que Deus, o Pai, Jesus Cristo e o Espírito Santo não são distintos. De acordo com o site da organização: "A Igreja de Jesus Cristo dos Santos dos Últimos Dias é a restauração do Novo Testamento da cristandade como ensinado por Jesus e Seus apóstolos. Não é protestante, evangélica, católica ou ortodoxa."

ADVENTISTA

Os adventistas estão entre as igrejas descritas como restauracionistas, mas se diferenciam dos demais grupos, pois se consideram protestantes e afirmam sua crença na "Trindade". Também adotam outros textos além da Bíblia, como os escritos de Ellen G. White (1827-1915), uma mulher que consideram profetisa. Julgam que tais livros, assim como a Bíblia, são inspirados por Deus. Dessa forma, consideram-se a igreja que traz de volta as verdadeiras lições da Bíblia para o mundo atual. Essas particularidades levantam questionamentos, por parte de outros grupos evangélicos, sobre sua legitimidade teológica.

O nome "adventista" deriva de crença central na "Segunda Vinda" (ou "advento") de Jesus Cristo. Eles entendem que o retorno — o advento — de Jesus está próximo, e acontecerá no fim dos tempos. Essa crença motiva o empenho no evangelismo (proselitismo) para difundir a mensagem da "Segunda Vinda" pelo mundo.

Uma das características distintivas dos adventistas do sétimo dia é a guarda do sábado como dia de descanso e adoração, da mesma forma que acontece no judaísmo. Durante o sábado (sétimo dia da semana, que começa ao pôr do sol de sexta-feira e termina ao pôr do sol de sábado), eles evitam atividades remuneradas, transações comerciais e algumas atividades recreativas.

Também são conhecidos por darem forte relevância à saúde, ao bem-estar como parte integrante de sua fé e prática de vida, e por seguirem uma dieta especial. Eles têm uma lista específica de alimentos que evitam, como carnes consideradas "imundas" (como a de porco), carnes fermentadas (como o salame) e bebidas estimulantes (como café e chá preto). Consomem frutas, vegetais, grãos integrais, alimentos naturais e muitos dos seus fiéis adotam uma dieta vegetariana. Existem estudos, como o da universidade Loma Linda University School of Public Health, que apontam que a ênfase na alimentação vegetariana entre os adventistas contribuiu para o desenvolvimento de uma variedade de produtos vegetarianos e veganos, entre eles a carne de soja. Empresas associadas à comunidade adventista têm desempenhado um papel significativo na produção e comercialização de alimentos saudáveis, incluindo opções vegetarianas.

No Brasil, a Igreja Adventista do Sétimo Dia (IASD) registrou um total de 1.807.503 fiéis e 10.497 igrejas em 2023, de acordo com dados da própria, tornando o país o lar da maior comunidade adventista no mundo. Diante desse contingente, a IASD é reconhecida como a segunda maior denominação protestante não pentecostal em número de membros no país, ficando apenas atrás da Convenção Batista Brasileira, que congrega 1.814.158 fiéis, de acordo com dados desta.

TESTEMUNHAS DE JEOVÁ

As Testemunhas de Jeová também possuem doutrinas e práticas distintas que as diferenciam das denominações protestantes geralmente descritas como evangélicas. Elas rejeitam a doutrina da "Trindade", a crença em um único Deus manifesto em três pessoas distintas, o Pai, o Filho e o Espírito Santo, e não acreditam que Jesus seja um deus encarnado, considerando-o um filho de Deus, uma criação direta de Jeová. Segundo essa perspectiva, Jesus veio como um homem perfeito, cumprindo um papel fundamental na salvação da humanidade. Além disso, não se identificam como evangélicos.

As Testemunhas de Jeová se reúnem no Salão do Reino, um espaço onde realizam suas atividades religiosas, e não o consideram uma igreja. De acordo com o site da organização:

> As Testemunhas de Jeová são cristãs, mas nós não nos consideramos protestantes. Por que não? Protestantismo tem sido definido como "corrente cristã [...] que rompeu com a Igreja Católica". Embora as Testemunhas de Jeová realmente discordem dos ensinamentos da Igreja Católica, nós não nos consideramos protestantes.

PENTECOSTAIS

O movimento pentecostal surgiu no século XIX e avançou no século XX nos Estados Unidos, em locais como o Condado de Monroe, no Tennessee (1886), Topeka, no Kansas (1901), e Los Angeles, na Califórnia (1906).

O reavivamento da rua Azusa, em Los Angeles, que ocorre no início do século XX (de 1906-1915), é um marco no surgimento deste movimento, que é o mais influente da atualidade. Foi liderado por William J. Seymour, um pregador afro-americano que ocupou uma igreja abandonada na rua Azusa e começou a pregar de maneira distinta à aceita na época.

O evento atraiu milhares de pessoas de diferentes raças e origens sociais para cultos de adoração intensos, marcados por manifestações espirituais como falar em línguas e curas. Esse reavivamento foi pioneiro na promoção da diversidade racial, na valorização do papel da mulher e na ênfase nos dons do Espírito Santo, influenciando profundamente o cristianismo global.

O pentecostalismo se destaca pela ênfase em um relacionamento menos formal e mais emocional com Deus. Durante os cultos pentecostais, é comum presenciar manifestações de cânticos vibrantes, danças, palmas, orações fervorosas e expressões de êxtase espiritual, popularmente chamado de "reteté", falar em línguas estranhas ou a exibição de dons espirituais, como o de cura.

PRINCIPAIS IGREJAS EVANGÉLICAS E TENDÊNCIAS TEOLÓGICAS NO BRASIL

No Brasil, o pentecostalismo chegou no início do século XX e teve um crescimento acelerado, encontrando acolhimento principalmente entre as classes populares e nas áreas urbanas. Tornou-se o maior segmento evangélico, abrangendo diversas denominações.

ASSEMBLEIAS DE DEUS (AD)

Ao contrário das denominações protestantes históricas que iniciaram suas atividades na Região Sudeste, no Rio Grande do Sul e na Bahia, as Assembleias de Deus tiveram origem no extremo norte do país. Os missionários pioneiros eram suecos, enquanto os da Região Sul e da Bahia eram predominantemente estadunidenses e britânicos.

As Assembleias de Deus (AD) foram organizadas inicialmente no Brasil pelos missionários suecos Daniel Berg (1884-1963) e Gunnar Vingren (1879-1933), que desembarcaram em Belém, Pará, em 1910, seguindo uma profecia. Durante uma reunião de oração em South Bend, Indiana, nos Estados Unidos, um membro da igreja profetizou que Vingren deveria ir para o Pará e que a partida deveria ocorrer em 5 de novembro de 1910. Após receberem essa mensagem divina, Berg e Vingren, que não tinham conhecimento prévio sobre a região, procuraram o estado brasileiro em um mapa.

Em um primeiro momento, ambos se integraram à Igreja Batista local. Contudo, as doutrinas pentecostais pregadas por eles geraram divisões entre os membros. Como resultado, em 18 de junho de 1911, uma nova congregação foi instituída, a princípio denominada Missão da Fé Apostólica.

Em 1930, surgiu a necessidade de uma organização para guiar o futuro da denominação. Assim, a Convenção Geral das Assembleias de Deus no Brasil (CGADB) foi concebida pelos pastores brasileiros. Em setembro do mesmo ano, ocorreu a primeira Assembleia Geral, transferindo a liderança dos missionários suecos para os pastores brasileiros. Em 1989, divergências na CGADB levaram o Ministério de Madureira a se desligar da Convenção e fundar a CONAMAD (Convenção Nacional das Assembleias de Deus Ministério de Madureira).

As Assembleias de Deus operam como uma comunidade de fé composta por ministérios autônomos. Muitos desses ministérios não estão associados a convenções ou estão ligados a convenções menores. Por exemplo, a Assembleia de Deus Ministério de Perus em 2006 organizou a CONAMPE (Convenção Nacional do Ministério de Perus). Antes disso, o Ministério de Perus era vinculado à CONAMAD.

Em termos práticos, as Assembleias de Deus funcionam como uma teia de igrejas conectadas através de relações de prestígio entre líderes e seus pastores subordinados.

Atualmente, as Assembleias de Deus estão presentes em quase todas as cidades do Brasil, e desempenham um papel importante na expansão da fé evangélica no país. De acordo com o censo de 2010,[5] contavam com aproximadamente 12,3 milhões de fiéis no país, o que colocava as ADs como o segundo maior segmento religioso, superado apenas pela Igreja Católica.

Os fiéis das Assembleias de Deus atribuem grande valor às manifestações espirituais, como milagres, curas e êxtases, e entendem essas manifestações como expressões do poder de Deus. Eles também almejam estabelecer uma ligação íntima e direta com Deus por meio do batismo com o Espírito Santo, uma doutrina que diferencia os pentecostais de outros grupos evangélicos.

Os assembleianos acreditam que Jesus concede o Espírito Santo para capacitar o crente para uma missão. Nesse sentido, independentemente do nível de instrução formal de um crente, uma vez batizado com o Espírito Santo, é conferida a ele a autoridade divina para propagar ensinamentos da Bíblia. Um indicativo da experiência de proximidade do divino é o dom de falar em línguas estranhas, entendidas como dialetos desconhecidos pelos seres humanos e ocasionalmente referidas como "a linguagem dos anjos".

CONGREGAÇÃO CRISTÃ NO BRASIL (CCB)

Fincou raízes no Brasil em 1910, inicialmente em Santo Antônio da Platina (PR) e São Paulo (SP), graças ao trabalho missionário do ítalo-americano Louis Francescon (1866-1964). Anteriormente diácono da Igreja Presbiteriana Italiana nos Estados Unidos, Francescon se converteu ao pentecostalismo após frequentar os cultos nas proximidades do avivamento da rua Azusa. Em 1909, atendendo ao que descreveu como uma ordem divina, ele deixou o emprego e viajou para a Argentina e, posteriormente, para o Brasil, em 1910. Em São Paulo, ele se envolveu com a comunidade italiana e se uniu à Igreja Presbiteriana do Brás, gerando divergências devido a suas ideias sobre o Espírito Santo. Junto a dissidentes de várias denominações, cofundou a Congregação Cristã no Brasil.

A CCB é reconhecida por suas tradições, práticas e características singulares. Seus fiéis utilizam a saudação "Paz de Deus" como sinal distintivo de identificação. Em outras denominações pentecostais, a saudação costuma ser "Paz do Senhor". A igreja se caracteriza pela natureza sectária, evitando conexões mesmo com outras denominações pentecostais. Por isso, diferente de muitos evangélicos de outras denominações que se referem entre si como "irmãos", os membros da CCB chamam outros evangélicos de "primos". O cargo comumente conhecido como pastor em outras congregações é denominado "ancião" na CCB. Os anciãos são responsáveis por governar e pastorear a igreja, e exercem sua função sem receber remuneração.

Até 1932, a CCB não tinha uma orquestra. Enquanto alguns locais utilizavam órgãos para acompanhar os hinos, Francescon propôs a criação de uma orquestra para enriquecer os cânticos.

A denominação não adota um calendário litúrgico, e seus anciãos desencorajam a participação em festas populares, incluindo celebrações como Natal e Páscoa. Também não defendem a prática de um dia específico para cultos, seja domingo ou sábado. Durante os cultos, a CCB adota práticas como a separação de assentos por gênero e o uso de véus pelas mulheres, conforme a interpretação de Coríntios: "Toda mulher, porém, que ora ou profetiza com a cabeça sem véu desonra a sua própria cabeça, porque é como se a tivesse rapada" (1 Coríntios 11,5).

Assim, a CCB é considerada conservadora nos costumes, até mesmo aos olhos de outros evangélicos. As mulheres, por exemplo, não podem ocupar ministérios eclesiásticos, têm funções como organistas e auxiliares em atividades como limpeza e cozinha. Elas podem pedir hinos, testemunhar e orar durante os cultos. As "irmãs da obra da piedade", auxiliares dos diáconos, têm responsabilidades como ajudar em serviços de caridade. Antes dos anos 1950, as mulheres também podiam liderar encontros de ensino, mas a prática foi posteriormente extinta da CCB.

Mesmo mantendo uma postura discreta — sem presença em rádio ou TV e tendo iniciado transmissões online de seus cultos somente durante a pandemia —, a CCB tem expressiva presença no Brasil, com cerca de dois milhões de fiéis, de acordo com o censo de 2010.

IGREJA ADVENTISTA DA PROMESSA (IADP)

É reconhecida como a primeira igreja pentecostal genuinamente brasileira. A maioria das igrejas pentecostais estava sob a direção de missionários estrangeiros, mas a IADP foi estabelecida por um brasileiro, João Augusto da Silveira (1893-1968), em 24 de janeiro de 1932. Originando-se de uma divisão da Igreja Adventista do Sétimo Dia, a IADP mantém muitas das doutrinas tradicionais adventistas, como a observância do sábado. No entanto, também incorporou crenças pentecostais, incluindo a glossolalia — falar em línguas. Ao contrário da Igreja Adventista do Sétimo Dia, os adventistas da promessa não consideram os escritos de Ellen G. White profecias e se baseiam exclusivamente na Bíblia como autoridade em sua fé. Atualmente, a denominação possui 1.070 templos no Brasil e no exterior, e congrega cerca de 80 mil fiéis em território brasileiro, segundo informações da IADP.

IGREJA CRISTÁ MARANATA (ICM)

Surgida em 1968, em Vila Velha, Espírito Santo, após uma dissidência com a Igreja Presbiteriana do Brasil, adota um sistema administrativo inspirado no modelo presbiteriano. Em sua estrutura, cada igreja local é administrada por presbíteros, que são eleitos pela própria comunidade. No entanto, todas as filiais mantêm vínculo com uma administração central. Conforme os princípios da instituição, o ministério pastoral é desempenhado voluntariamente, sem qualquer compensação financeira.

Seu principal pilar doutrinário é a crença e preparação para a segunda vinda de Jesus Cristo, expresso em seu nome "Maranata", que em aramaico significa "Vem, Senhor!". Os templos da ICM seguem um padrão arquitetônico: evocam a atmosfera de uma vila no campo, com construções semelhantes aos chalés suíços. Além disso, a ICM é comprometida com a sustentabilidade, destacando-se como líder na produção de energia solar no Brasil, feito do qual seus participantes se orgulham.

Segundo dados do censo de 2010, a ICM contava com 356.021 fiéis espalhados por todo o Brasil naquela época. Entre seus pastores destaca-se Carlos Nejar, imortal da Academia Brasileira de Letras (ABL).

IGREJA DE DEUS

É conhecida por ser a primeira denominação pentecostal do mundo. Começou em 1886 em Condado de Montoe, Tennessee, nos Estados Unidos, como parte do Movimento de Santidade Metodista, que pretendia puri-

PENTECOSTAIS

ficar as igrejas evangélicas norte-americanas. Na tentativa de unir todas as denominações, foi escolhido o nome "Igreja de Deus". Após o início do movimento pentecostal, a Igreja de Deus ficou conhecida por acolher os pentecostais negros nos Estados Unidos, enquanto as Assembleias de Deus se tornaram a denominação dos pentecostais brancos no país.

A Igreja de Deus no Brasil tem suas origens na imigração alemã, especialmente no sul do país, e recebeu apoio subsequente da Igreja de Deus dos Estados Unidos. Em 1922, missionários chegaram ao Brasil e, em 1923, realizaram o primeiro culto, liderado por Adolfo Weidmann (1901-1997), em Santa Catarina. Atualmente, de acordo com dados disponibilizados pela denominação, a igreja está presente em todos os estados brasileiros e conta com 1.262 ministros, 843 igrejas, 416 congregações e mais de 68 mil fiéis.

IGREJA DO EVANGELHO QUADRANGULAR (IEQ)

A denominação se destaca por ser uma das primeiras fundadas e lideradas por uma mulher, Aimee Semple McPherson (1890-1944), algo incomum no início do século XX. McPherson ganhou notoriedade por suas pregações carismáticas e pelo uso inovador do rádio para difundir sua mensagem. Essa origem peculiar contribuiu para uma maior aceitação de pastoras mulheres na denominação, o que ainda é raro no campo evangélico brasileiro. O nome "Evangelho Quadrangular" reflete a visão de McPherson sobre os quatro pilares fundamentais da vida e do ensino de Cristo: Ele é o Salvador, o Batizador com o Espírito Santo, o Médico dos médicos e o Rei que há de vir.

A Cruzada Nacional de Evangelização está diretamente ligada ao estabelecimento dessa denominação no Brasil. Lançada em 1951, a campanha missionária tinha o objetivo de expandir o evangelho e fundar a Igreja do Evangelho Quadrangular no país. Sob a liderança de missionários norte-americanos, como Harold Williams (1913-2002), a cruzada utilizou métodos inovadores, como grandes eventos públicos, tendas evangelísticas, e o uso de rádios e carros de som para atrair multidões. Essas iniciativas tiveram um impacto significativo, resultando na conversão de milhares de pessoas e na criação de congregações em várias cidades, consolidando a Igreja do Evangelho Quadrangular como uma das maiores denominações evangélicas do Brasil.

Harold Williams, um ex-ator de faroeste convertido, estabeleceu a Igreja do Evangelho Quadrangular no Brasil em 1951, durante as celebrações do 60º aniversário da Proclamação da República. Vindo de Hollywood, ele entrou no Brasil por Guajará-Mirim, Rondônia, após passar pela Bolívia. Com a ajuda do evangelista Raymond Boatright (1914-1980), Williams impulsionou o crescimento da denominação, especialmente em São Paulo e Paraná. Após conhecerem diversos locais na América do Sul, eles sentiram um chamado divino para se estabelecerem em Poços de Caldas, Minas Gerais. Embora o idioma português tenha sido um desafio inicial, Harold rapidamente se tornou um pregador popular, sendo frequentemente convidado para pregar em outras denominações evangélicas.

Em busca de uma estratégia mais eficaz para atrair fiéis, Williams introduziu o conceito de "tenda" para realizar cultos ao ar livre em locais públicos, como praças e terrenos baldios, levando sua mensagem diretamente às pessoas nas ruas. A ideia foi bem recebida por seus superiores nos Estados Unidos e, com o apoio deles, Willians montou sua primeira tenda em São Paulo, no bairro do Cambuci.

A imagem da "tenda" tornou-se icônica para a Igreja do Evangelho Quadrangular no Brasil. Harold viajou por diversas cidades com sua "tenda número um", enfatizando a cura divina. Conforme o movimento crescia, mais tendas eram erguidas, levando à formação de novas igrejas. Atualmente, segundo a própria instituição, a Igreja do Evangelho Quadrangular conta com 17 mil templos espalhados por todos os estados no Brasil, e, de acordo com o censo de 2010, possuía então 1.808.389 fiéis.

IGREJA EVANGÉLICA PENTECOSTAL
O BRASIL PARA CRISTO

O pastor Manoel de Mello e Silva (1929-1990), nascido em Pernambuco e trabalhador da construção civil, mudou-se para São Paulo e converteu-se ao pentecostalismo na Assembleia de Deus. Posteriormente, juntou-se à Cruzada Nacional de Evangelização, que hoje é conhecida como Igreja do Evangelho Quadrangular. Em 1955, Manoel teve uma visão na qual Jesus Cristo instruiu-o a dar início a um movimento de reavivamento chamado O Brasil Para Cristo. Ele acatou e lançou o programa de rádio *A Voz do Brasil para Cristo*, que perdurou por duas décadas sob seu comando e ainda está no ar, agora sob a condução de seu filho, pastor Paulo Lutero de Mello.

Mello enfrentou intensa perseguição durante a ditadura militar no Brasil. Seus encontros evangélicos, que reuniam milhares de pessoas em estádios e ginásios, eram vistos pelo regime como potenciais focos de subversão. O pastor acumulou 27 prisões e foi acusado de charlatanismo por supostamente praticar curandeirismo. Os líderes da igreja, mesmo sem o intuito de confrontar o governo, eram percebidos pelos militares como adversários.

De acordo com o censo de 2010, a denominação reunia naquele ano 196.665 fiéis em todo o Brasil.

IGREJA PENTECOSTAL DEUS É AMOR (IPDA)

Em sua autobiografia, o missionário David Miranda (1936-2015), fundador da denominação, narra um intenso encontro espiritual em que Deus se manifestou para ele. Ele relatou ter sentido a presença divina durante uma oração, e ouvido mensagens celestiais. Deus o orientou a estabelecer uma igreja denominada "Deus é Amor". Com a indenização que teve ao deixar seu emprego, ele alugou um espaço no bairro da Vila Maria, em São Paulo, e inaugurou a IPDA em 3 de junho de 1962, reunindo 50 fiéis.

Entre as igrejas evangélicas, essa é considerada uma das mais rígidas. O Regulamento Interno (RI) da IPDA atua como guia de conduta para os fiéis batizados. Entre as diretrizes estão: proibição de assistir a programas de TV por conta de sua influência negativa; veto a tatuagens; abstinência de álcool e de outras substâncias; orientações, para as mulheres, de não cortar o cabelo e se vestir de forma modesta; e, para os homens, de manter o cabelo curto e evitar barba e bigode. Os membros da Deus é Amor evitam interações com outras igrejas, pois as consideram mundanas.

Outro destaque é o Templo da Glória de Deus, em São Paulo, um dos maiores do Brasil, com capacidade para 60 mil pessoas e estacionamento para 1.000 veículos. É o segundo maior templo evangélico da cidade de São Paulo, atrás apenas do Templo de Salomão, da Igreja Universal do Reino de Deus.

Segundo dados do censo de 2010, a IPDA contava com 845.383 fiéis, e, de acordo com a própria organização, conta com 17 mil templos distribuídos pelo Brasil e 88 países.[6]

NEOPENTECOSTAIS

Conforme observou o sociólogo Paul Freston, cada período de desenvolvimento do pentecostalismo no Brasil reflete uma resposta às mudanças sociais e culturais, consolidando-se como influência significativa no ambiente religioso e social brasileiro. Igrejas da primeira onda pentecostal como a Congregação Cristã no Brasil e a Assembleia de Deus enfatizavam experiências diretas com o Espírito Santo, como o falar em línguas estranhas e as curas sobrenaturais, atraindo um número crescente de fiéis. Nas décadas de 1950 e 1960, despontaram novas denominações pentecostais como a Igreja do Evangelho Quadrangular e a Igreja Pentecostal Deus é Amor, que se expandiram de forma eficaz por meio de estratégias de evangelismo em massa e do uso intensivo da mídia.

As décadas de 1970 e 1980 marcaram o surgimento das igrejas neopentecostais, incluindo a Igreja Universal do Reino de Deus e a Igreja Apostólica Renascer em Cristo. Essas novas denominações trouxeram uma abordagem modernizada, adotando a teologia da prosperidade e um uso ainda mais estratégico dos meios de comunicação. Por exemplo, influenciadas pelo tele-evangelismo norte-americano, as igrejas neopentecostais adotaram práticas mediáticas avançadas para ampliar seu alcance.

O termo "neopentecostal" origina-se no meio acadêmico, não sendo cunhado pelos próprios evangélicos. Proposto pelo sociólogo brasileiro Ricardo Mariano, pesquisador e professor da Universidade de São Paulo (USP), o conceito foi utilizado para descrever as igrejas da terceira onda pentecostal.

Distinguem-se das pentecostais tradicionais pela adoção da teologia da prosperidade — a ideia de que a prosperidade é uma bênção divina aos fiéis comprometidos —, mas também pela "confissão positiva", que requer que os fiéis verbalizem em voz alta o que desejam para si e sua vida, para que Deus realize o pedido. Mas é importante mencionar que essa prosperidade não significa apenas riqueza, dinheiro ou bens; ela tem sentido mais amplo, que inclui saúde física, qualidade de vida, ambiente familiar harmônico, e outros elementos que ajudarem o cristão a viver melhor e se dedicar à sua fé.

CONCORRÊNCIA ENTRE IGREJAS

Igrejas evangélicas costumam ser vistas por quem as desconhece como espaços onde pastores controlam os fiéis. No entanto, esses espaços são dos mais disputados no convívio social brasileiro hoje. Disputas dentro das igrejas começam na base, entre voluntários buscando cargos que trazem prestígio, e chegam ao topo, com líderes competindo por decisões importantes.

As cisões vão além de disputas de poder. O protestantismo é diverso porque, diferentemente do catolicismo, não há uma autoridade central para definir a interpretação da Bíblia. Por isso, divisões surgem por questões teológicas. A Cidade de Refúgio, por exemplo, nasceu como uma igreja inclusiva, acolhendo o público LGBTQIAPN+, desafiando a visão predominante que prega que pessoas com diferentes identidades de gênero e orientações sexuais só podem se converter renunciando à sua identidade e sexualidade.

Divergências litúrgicas também são comuns. Igrejas históricas, como a presbiteriana e metodista, não promovem manifestações do Espírito Santo, como falar em línguas ou expulsar demônios, o que as diferencia de igrejas pentecostais. Além disso, há disputas econômicas menos evidentes, que influenciam decisões internas. Na Universal, por exemplo, é comum pastores saírem após conflitos, com frequência justificando a atitude por rejeitarem práticas que consideram questionáveis.

Essas tensões muitas vezes resultam em rupturas, levando pastores a fundar novas igrejas, como foi o caso de R. R. Soares, que deixou a Universal, cofundada com o bispo Macedo, para criar a Igreja Internacional da Graça de Deus. Curiosamente, essa diversidade de igrejas, que parece apenas competitiva, também fortalece o segmento. Assim como um bairro repleto de restaurantes atrai mais clientes, a proliferação de igrejas a partir da Universal — como a Internacional e a Mundial — amplia o alcance do modelo neopentecostal, tornando-o mais acessível e conhecido.

A variedade de teologias e liturgias aos poucos molda um público específico, sensível a esses discursos religiosos. Esse "polo" de sensibilidade cultural não se define por localização geográfica, mas por uma conexão cultural e espiritual que fortalece o segmento religioso como um todo.

BOLA DE NEVE CHURCH

Rinaldo Seixas Pereira, mais conhecido como apóstolo Rina, cresceu em uma família batista. Após superar um caso grave de hepatite, começou a frequentar a Igreja Renascer em Cristo. Como líder do ministério de Evangelismo na Igreja Renascer, organizou eventos para jovens. Com apoio do apóstolo Estevam Hernandes, Rina se desligou da Renascer e fundou a Bola de Neve Church em 1999.

Os primeiros cultos da Bola de Neve aconteceram em uma loja de surfe. Sem o púlpito tradicional para apoiar a Bíblia, optaram por usar uma prancha de surfe, que se tornou símbolo distintivo da igreja Bola de Neve.

No diversificado cenário evangélico urbano, a Bola de Neve é uma igreja moderna, uma alternativa para "tribos urbanas" que não se sentiriam à vontade em igrejas tradicionais. Entre esses grupos estão, por exemplo, surfistas, skatistas, fisiculturistas, metaleiros, artistas, góticos e hipsters, entre outras tribos urbanas.

Em 2007, a Bola de Neve de Balneário Camboriú-SC ganhou destaque ao acolher Rodolfo Abrantes, ex-integrante da banda Raimundos. Depois de uma jornada de oito anos na denominação, Rodolfo agora faz parte do ministério Mevam (Missões Evangelísticas Vinde Amados Meus).

A integração entre esporte, corpo e fé capturou a imaginação dos jovens e os atraiu, muitos deles ostentando tatuagens, piercings e estilo casual. A igreja reforça sua relação com a cultura litorânea e organiza eventos como luaus, festivais de música e competições esportivas na praia.

O nome "Bola de Neve" reflete a aspiração de crescimento constante de seu fundador, como uma bola de neve que vai aumentando ao rolar montanha abaixo. O crescimento rápido foi uma realidade surpreendente, e, segundo reportagem da revista *Época*, entre 2000 e 2003, a congregação passou de 250 para 3 mil membros.[7] Com presença marcante nas cidades litorâneas, a quantidade de templos também aumentou. Entretanto, informações atualizadas sobre o número de fiéis da igreja não estão disponíveis.

Em junho de 2024, após a divulgação de denúncias de agressão do apóstolo Rinaldo Pereira contra sua esposa, a Bola de Neve optou por afastar o líder de suas funções.[8] Em novembro de 2024, o apóstolo Rina, que estava afastado da direção da igreja, sofreu um acidente de moto e morreu na cidade de Campinas, em São Paulo.

COMUNIDADE EVANGÉLICA SARA NOSSA TERRA

Robson Rodovalho converteu-se ao evangelicalismo aos 15 anos, durante um acampamento da Igreja Presbiteriana do Brasil. Iniciou sua jornada

NEOPENTECOSTAIS

pastoral em 1970, ao integrar-se ao movimento Mocidade para Cristo (MPC). Em pouco tempo, conquistou papel de autoridade, evangelizando e instituindo clubes bíblicos em escolas e liderando a MPC em Goiás e na região centro-oeste. Sob influência de diversas denominações, ele cofundou a Comunidade Evangélica de Goiânia.

Em 1992, Rodovalho se mudou para Brasília e fundou a Comunidade Evangélica Sara Nossa Terra. Voltada para o público jovem, a comunidade é reconhecida por programas como "Revisão de Vida", que têm o objetivo de formar novos fiéis conforme seus ensinamentos e valores. É organizada em células, estratégia comum de igrejas neopentecostais, que fortalece a conexão entre os fiéis e incentiva a criação de pequenos grupos multiplicadores para acelerar o crescimento da igreja.

Adicionalmente, a denominação mantém um canal televisivo, SNT (Sara Nossa Terra), que transmite cultos e programas educativos e de entretenimento. De acordo com dados da própria denominação, hoje a igreja possui mais de mil templos e 1,3 milhão de fiéis ao redor do mundo.

IGREJA APOSTÓLICA FONTE DA VIDA

Em 1976, César Augusto e Robson Rodovalho decidiram criar a própria igreja, desvinculando-se da Primeira Igreja Presbiteriana de Goiânia. Então nasceu a Comunidade Evangélica de Goiânia, denominação que incorporou crenças neopentecostais e atraiu rapidamente a atenção da classe média emergente de Goiânia.

Já nos anos 1990, a Comunidade Evangélica de Goiânia enfrentou desafios, não por debates de crença, mas por questões administrativas e financeiras. O desacordo culminou no término da Comunidade Evangélica de Goiânia. Para evitar uma batalha judicial, Rodovalho fundou a Comunidade Evangélica Sara Nossa Terra em Brasília, enquanto César Augusto renomeou sua congregação para Comunidade Cristã, que, mais tarde, se tornou a Igreja Apostólica Fonte da Vida.

117

A igreja adota uma abordagem personalizada, direcionando seus serviços a um público específico e ajustando suas atividades para atender às demandas desse grupo. Sua doutrina possui uma orientação racional e proativa, evitando elementos mágicos e simplificações, e promovendo a inserção de seus membros em redes sociais e associativas. A programação inclui atividades de lazer e entretenimento, complementando as práticas religiosas. Elementos de unção e espetáculo são usados para reforçar a identidade religiosa e criar experiências emocionais para os fiéis. A IAFV é associada à "quarta onda" do pentecostalismo, que busca atender a públicos específicos com estratégias diferenciadas.

Atualmente, a Igreja Apostólica Fonte da Vida tem duas emissoras de rádio e uma de TV. Esta igreja não disponibiliza o número de fiéis.

IGREJA APOSTÓLICA RENASCER EM CRISTO

Surge em 1986, fruto do trabalho de Estevam e Sônia Hernandes. Estevam, originário de família católica, converteu-se ao protestantismo aos 20 anos. Sônia, nascida em uma família evangélica, cresceu na Igreja Presbiteriana Independente do Cambuci. Antes de fundarem a Renascer, o casal frequentava a Igreja Pentecostal da Bíblia no Cambuci.

Inspirado por sua vivência no pentecostalismo, Estevam abandonou a carreira de executivo de marketing para se dedicar inteiramente à Renascer. Em 1993, um grande marco foi estabelecido pela Renascer em Cristo com a organização da primeira Marcha para Jesus em São Paulo. O evento interdenominacional tornou-se anual, reunindo fiéis de todo o Brasil. Não há informações atualizadas sobre o número de membros desta igreja.

A música gospel ocupa uma posição central na Igreja Renascer em Cristo, moldando a experiência de culto e a prática religiosa dos fiéis. Durante os cultos, ela é utilizada para criar um ambiente emocionalmente intenso, com letras que destacam temas como vitória, esperança e libertação,

NEOPENTECOSTAIS

fortalecendo o vínculo dos membros com a mensagem religiosa. A igreja adota uma abordagem que mescla ritmos contemporâneos com conteúdo gospel, estratégia que busca atrair principalmente o público jovem e integrar elementos da cultura pop à vivência espiritual. As músicas também desempenham um papel didático, transmitindo valores alinhados à teologia da prosperidade e reforçando a ideia de que a fé conduz à superação de desafios e ao sucesso pessoal. Além disso, as canções servem como um instrumento de coesão comunitária, unindo os fiéis em uma identidade coletiva e promovendo momentos de transformação espiritual e consolo em situações de dificuldade.

A Renascer adota uma abordagem integrada entre fé e empreendedorismo, promovendo o desenvolvimento empresarial de seus membros por meio de iniciativas como a Associação Renascer de Empresários e Profissionais Evangélicos (Arepe), que oferece networking e suporte a pequenos empresários desde 1996, e eventos como o Congresso Change Your Life, voltado à mentalidade empreendedora e prosperidade. A igreja organiza palestras e treinamentos sobre gestão, liderança e estratégias empresariais, frequentemente liderados pelo apóstolo Estevam Hernandes, que também divulga o conceito de "empreendedor apostólico", caracterizado pela atuação alinhada a princípios cristãos. A crença na integração entre negócios e espiritualidade é reforçada por relatos de intervenções divinas em empreendimentos, consolidando o empreendedorismo como extensão da vida de fé.

IGREJA INTERNACIONAL DA GRAÇA DE DEUS (IIGD)

Em 1968, após ler *Curai enfermos e expulsai demônios*, de T. L. Osborn, Romildo Ribeiro Soares sentiu o chamado para ser pastor. No mesmo ano, na Igreja de Nova Vida, ele conheceu Edir Macedo, que posteriormente se tornaria seu cunhado. Em 1975, foi ordenado pastor e, com Macedo, deu início à Igreja Universal do Reino de Deus em 1977.

Soares deixou a IURD por divergências com Edir Macedo em relação à estratégia de crescimento da organização, e estabeleceu a Igreja Internacional da Graça de Deus (IIGD) no Rio de Janeiro em 1980, transferindo a igreja mais tarde para Duque de Caxias. Na década de 1990, mudou a sede principal da congregação para São Paulo. No início da década de 2000, R. R. Soares se consolidou como uma das principais figuras da televisão, registrando cem horas semanais de programação na Rede Bandeirantes e na Rede TV com o *Show da Fé*.

Em 2010, a IIGD criou a Graça Filmes para promover a doutrina da denominação através do cinema. A empresa começou como uma distribuidora de filmes e passou a produzir longas em 2011, lançando *Três histórias, um destino* em 2012, um marco para o cinema evangélico brasileiro. Em agosto de 2014, *Deus não está morto* tornou-se sucesso de bilheteria nacional. Em novembro do mesmo ano, *Questão de escolha* estreou nos cinemas. O filme conta com a participação especial de R. R. Soares e permaneceu em cartaz por mais de duas semanas.

Hoje, a IIGD tem presença em 193 países, com 6 mil templos e uma forte atuação na mídia. Ela gerencia a emissora pública RIT TV, o serviço de TV por assinatura Nossa TV e a Nossa Rádio, entre outros meios de comunicação. Atualmente, é o segundo maior conglomerado neopentecostal do Brasil. Segundo o instituto Datafolha, a partir de coleta de dados feita em dezembro de 2016, a IIGD igreja tinha então 2% do total de evangélicos brasileiros, o que corresponde a mais de 1 milhão de fiéis.

IGREJA MUNDIAL DO PODER DE DEUS (IMPD)

Em 1975, aos 12 anos de idade, Valdemiro Santiago perdeu a mãe, teve problemas com o pai e passou por dificuldades na roça. Aos 16 anos, se converteu ao cristianismo na Igreja Universal do Reino de Deus (IURD), onde permaneceu por dezoito anos, atuando primeiro como obreiro até se destacar como bispo. Em 1998, ele rompeu com a IURD e fundou a IMPD, em Sorocaba, São Paulo. Na IMPD passou a ser reconhecido como "apóstolo" e, também, pelo apelido de "pastor do chapéu", por tornar esse item um elemento visual para identificá-lo.

Desde sua fundação, a IMPD se concentrou na teologia da prosperidade, enfatizada pelo lema "A mão de Deus está aqui". A igreja ganhou notoriedade a partir dos relatos feitos pelos fiéis de terem vivenciado ou presenciado curas físicas, muitas vezes respaldados por laudos médicos. No começo, a IMPD era formada pelo apóstolo Valdemiro Santiago, sua esposa, a bispa Franciléia, e alguns fiéis. Devido ao rápido crescimento, em 2006 foi inaugurado em São Paulo o Templo dos Milagres, com uma área de 43 mil m² e estacionamento para 10 mil carros.

A televisão tornou-se uma plataforma vital para a IMPD. Seus programas retratam a igreja como local de "milagres" e são repletos de testemunhos, incluindo relatos de pessoas que alegaram terem sido curadas ao tocar a tela da TV. Além da TV, publicações como o jornal *Fé mundial* e a *Revista mundial sem limites* são usadas para compartilhar essas histórias. Nos programas, o apóstolo Valdemiro não hesita em partilhar sua vida pessoal com os fiéis, e conta experiências cotidianas e milagres que presenciou, como um naufrágio em Moçambique do qual conta ter sobrevivido.

De acordo com o censo de 2010, a IMPD tinha mais de 315 mil fiéis pelo Brasil naquela época.

IGREJA UNIVERSAL DO REINO DE DEUS (IURD)

R. R. Soares e Edir Macedo eram originalmente filiados à Igreja Pentecostal Nova Vida, no Rio de Janeiro. Nos anos 1960 e 1970, esta igreja era pastoreada pelo bispo Robert McAlister (1933-1993), um missionário canadense. McAlister instruiu Soares e Macedo a respeito da "teologia da prosperidade", que relaciona a fé ao sucesso financeiro. Os neopentecostais a adotam, enquanto os pentecostais a rejeitam, priorizando a teologia do batismo com o Espírito Santo.

Após se desligarem da Nova Vida, os cunhados Soares e Macedo fundaram a Igreja Universal em 1977. No início, R. R. Soares liderava a denominação, enquanto Edir Macedo ficava à frente de reuniões menores. Contudo, divergências na gestão culminaram na ascensão de Macedo à liderança em 1980, após angariar apoio interno significativo. Insatisfeito, Soares deixou a Universal.

Sob nova liderança, a Universal adotou uma estratégia de crescimento centrada nos meios de comunicação, especialmente rádio e televisão. Macedo também incorporou práticas que lembram as de religiões de matriz africana, como a "sessão de descarrego", em que os pastores vestem branco. A prática gerou críticas de fiéis de outras denominações, que sugeriram a influência da umbanda. Contudo, Macedo destacou sua oposição a tais religiões escrevendo o livro *Orixás, caboclos e guias: deuses ou demônios?*

A publicação, que vendeu 3 milhões de exemplares, categoriza umbanda, quimbanda e candomblé como "seitas demoníacas" e foi alvo de contestações judiciais por promover discriminação. O Ministério Público Federal da Bahia entrou com Ação Civil Pública para pedir a suspensão da venda da obra, que deu origem também a um programa veiculado em 2004 pela TV Record. Na ocasião, Macedo recorreu à Justiça alegando reivindicar o seu direito à liberdade de expressão. A ação correu por 15 anos e, em 2019, após a condenação, a emissora exibiu programas educativos sobre religiões de matriz africana e pagou uma indenização de R$ 300 mil ao Instituto Nacional de Tradição e Cultura AfroBrasileira (Intecab) e ao Centro de Estudos das Relações de Trabalho e da Desigualdade (Ceert), totalizando R$ 600 mil.[9] No mesmo ano, a Universal relançou o livro e divulgou que quase 1 milhão de pessoas compareceram nos eventos de relançamento em seus templos e catedrais por todo o Brasil.

NEOPENTECOSTAIS

Durante sua estada nos Estados Unidos em 1989, Edir Macedo soube da venda da Record TV, então endividada em 20 milhões de dólares, e decidiu adquirir a rede de televisão. O pastor Laprovita Vieira (1938-2020) mediou a aquisição. Em sua autobiografia, Macedo detalha que se manteve discreto nas fases iniciais das negociações para evitar preconceitos religiosos por parte dos antigos donos, mas revelou sua identidade quando surgiram entraves financeiros. Depois de se tornar proprietário, precisou lutar contra desafios para conseguir a concessão oficial e enfrentou alegações de propinas. Posteriormente, nomeou Honorilton Gonçalves para liderar a Record TV, elevando-a a um dos principais conglomerados de mídia brasileiros.

Já em 1992, após um culto na cidade de São Paulo, Edir Macedo foi preso sob acusações de charlatanismo, estelionato e curandeirismo, sendo liberado onze dias depois por falta de provas. Em anos posteriores, enfrentou novas denúncias, incluindo lavagem de dinheiro, mas muitas foram arquivadas ou transferidas para jurisdições diferentes.[10]

Entre 2010 e 2014, a Igreja Universal do Reino de Deus ergueu no Brás, em São Paulo, uma réplica do Templo de Salomão, com capacidade para 10 mil pessoas. A cerimônia de inauguração contou com a presença da então presidente da República, Dilma Rousseff, e do prefeito de São Paulo na época, Fernando Haddad. Grandes jornais internacionais, como o *The Guardian* e o *New York Times*, destacaram a grandiosidade do projeto.

Segundo dados do censo de 2010, a IURD contava então com 1.873.243 fiéis. Destaca-se não só pela presença nos meios de comunicação — incluindo TV, rádio, publicações impressas e plataformas on-line —, mas também pelo envolvimento na política, pelo partido Republicanos. Fiéis da IURD, como o bispo Marcelo Crivella, já ocuparam cargos no executivo — Crivella foi prefeito do Rio de Janeiro (2016-2020) e, anteriormente, ministro da Pesca em governos petistas. O Republicanos elegeu o governador de São Paulo (2022-2026), Tarcísio de Freitas, aliado do ex-presidente Jair Bolsonaro (2018-2022), que recebeu amplo apoio de Edir Macedo e dos líderes da denominação.

INDEPENDENTES E O
PÓS-DENOMINACIONALISMO

Essas igrejas representam tendências dentro do segmento evangélico que se distanciam das estruturas das denominações. As igrejas independentes não estão vinculadas a uma rede ou denominação específica, e surgem quando as pessoas decidem criar seu próprio estilo de comunidade e fé. Pode acontecer por divergências em relação a crenças ou práticas das igrejas estabelecidas, preferência por um estilo de culto diferente ou simplesmente pelo desejo de expressar a fé de forma mais autônoma.

O pós-denominacionalismo no contexto das igrejas evangélicas representa uma transformação notável na organização e vivência da fé cristã. Esse fenômeno reflete a desinstitucionalização da religião e a reconfiguração das práticas religiosas, marcadas por uma abordagem mais flexível, inclusiva e adaptada às dinâmicas culturais contemporâneas.

Uma das características mais evidentes do pós-denominacionalismo é a desinstitucionalização, que se manifesta no afastamento de muitos fiéis das denominações tradicionais. Esse movimento está associado ao surgimento de comunidades de evangélicos "sem-igreja", que valorizam a autonomia individual na prática da fé. Para esses indivíduos, a vivência religiosa não depende de estruturas organizacionais rígidas, mas de uma espiritualidade mais pessoal e independente. A busca por um relacionamento direto com Deus, sem intermediários institucionais, tornou-se central nesse contexto.

Outro aspecto relevante é a inclusividade promovida pelas igrejas pós--denominacionais. Essas congregações costumam reconhecer que diferentes tradições cristãs possuem fragmentos da verdade divina, desafiando a visão exclusivista de que apenas uma denominação detém a interpretação correta do evangelho. Essa abertura teológica permite maior interação entre diferentes grupos religiosos e reflete uma sensibilidade às diversidades culturais e sociais. Igrejas desse tipo frequentemente se adaptam às necessidades de suas comunidades, promovendo uma fé mais acessível e conectada com a realidade contemporânea.

A inovação nos estilos de adoração também é um traço distintivo desse fenômeno. Congregações pós-denominacionais tendem a adotar práticas menos formais e incorporar recursos digitais em suas liturgias. Durante a pandemia da COVID-19, muitas dessas igrejas transferiram suas atividades para plataformas online, demonstrando uma capacidade de adaptação que reforça sua relevância em tempos de mudança. A utilização de ferramentas tecnológicas tem possibilitado uma maior conexão com os fiéis, independentemente de barreiras geográficas ou físicas.

O crescimento do pós-denominacionalismo pode ser compreendido como uma resposta ao relativismo e ao pluralismo crescentes na sociedade contemporânea. Essa forma de religiosidade desafia as normas tradicionais, enfatizando a experiência individual da fé em detrimento das doutrinas institucionais. Essa mudança reflete, em grande parte, o desejo por uma espiritualidade autêntica, que ressoe com as necessidades pessoais e sociais dos fiéis. Longe das formalidades e hierarquias das denominações convencionais, essas igrejas atraem aqueles que buscam um relacionamento mais direto e significativo com Deus.

TENDÊNCIAS TEOLÓGICAS

São formas de interpretar a Bíblia que surgiram em um período da história e que influenciaram segmentos evangélicos ou incentivaram a formação de igrejas novas. Esses movimentos incorporam crenças e comportamentos diferentes, contribuindo para a diversidade do universo evangélico.

CALVINISMO, ARMINIANISMO E TEOLOGIAS DA SALVAÇÃO

A teologia da salvação, ou soteriologia, é um ramo da teologia cristã que estuda como a salvação é alcançada e vivenciada pelos seres humanos, destacando a relação entre Deus e a humanidade. No cristianismo, a salvação é entendida como um presente divino recebido pela fé em Jesus Cristo, cuja morte e ressurreição oferecem perdão e vida eterna. Conceitos como graça, fé, arrependimento e batismo são centrais nesse processo, simbolizando a resposta humana ao chamado divino e a entrada na comunidade de fé.

As interpretações sobre a salvação variam entre as tradições cristãs, com o calvinismo enfatizando a predestinação, o arminianismo destacando o livre-arbítrio e o universalismo defendendo a salvação universal. Além de explorar aspectos como perdão, justificação e redenção, a soteriologia é marcada por debates sobre a soberania divina e a responsabilidade humana. Esse campo busca oferecer respostas teológicas e práticas sobre o propósito divino e a experiência de reconciliação com Deus.

DOUTRINA DO ARREBATAMENTO

Uma das teorias evangélicas mais intrigantes sobre o fim do mundo é a do arrebatamento. De acordo com essa visão, os cristãos serão retirados da Terra e levados ao Paraíso, o novo céu e a nova terra. Esse novo lugar será marcado pela ausência de pecado, sofrimento e morte. Deus estará plenamente presente, vivendo em perfeita harmonia com seu povo. Essa visão transmite a esperança de uma renovação completa de todas as coisas e a promessa de uma recompensa eterna para os que foram fiéis. Isso acontecerá quando Jesus voltar para reunir os crentes escolhidos, que viverão eternamente no Paraíso.

A grande questão é: quando isso ocorrerá? Existem diferentes interpretações sobre o momento exato e o grau de sofrimento que os cristãos enfrentarão durante o caos que precede o fim. As versões variam entre aquelas que afirmam que os crentes não viverão o caos, já que serão arrebatados antes dos eventos mais destrutivos, até as que defendem que eles passarão integralmente pela tribulação, sendo arrebatados apenas ao final. Além disso, há visões que entendem o arrebatamento de forma simbólica, sem eventos dramáticos, como uma transformação espiritual já em curso.

DOUTRINA DO BATISMO COM O ESPÍRITO SANTO

É um conceito central na teologia cristã, especialmente valorizado nas tradições pentecostais e carismáticas. Refere-se a uma experiência espiritual transformadora em que o crente é preenchido pelo Espírito Santo,

TENDÊNCIAS TEOLÓGICAS

recebendo poder e capacitação para viver uma vida cristã mais plena e eficaz. Essa experiência pode ser compreendida de dois modos distintos. Primeiramente, como parte da conversão, quando o fiel, ao aceitar Jesus como Salvador, recebe o Espírito Santo que o une a Deus, proporcionando transformação interna e certeza de salvação (1 Coríntios 12,13). Essa é a perspectiva adotada majoritariamente pelas igrejas históricas e missionárias.

Uma segunda visão, adotada pelos pentecostais, trata de um momento posterior à conversão, marcado por manifestações espirituais como o falar em línguas, profecias e outros dons descritos no Novo Testamento (Atos 2,4; 19,6). Nesse contexto, o batismo com o Espírito Santo é entendido como um revestimento de poder que capacita o crente para a missão e o serviço cristão. Os pentecostais enfatizam que essa experiência está disponível para todos os crentes ao longo da história da Igreja, conforme prometido em Atos 2,39.

Entre as características associadas ao batismo com o Espírito Santo estão o poder para realizar obras que glorificam a Deus (Atos 1,8), maior coragem, revelação espiritual, dedicação ao serviço e, em alguns casos, evidências visíveis como o falar em línguas. Considerado essencial para uma vida cristã vibrante, o batismo com o Espírito Santo oferece ferramentas para enfrentar desafios espirituais e cumprir o propósito de Deus.

A busca por essa experiência envolve oração, entrega e abertura à ação do Espírito Santo na vida do fiel.

FUNDAMENTALISMO

Surgiu nos Estados Unidos no início do século XX como resposta ao crescimento da "teologia liberal" da época. Este movimento se destacou por adotar uma interpretação literal da Bíblia, reafirmando a crença inabalável nos milagres relatados. Sob essa perspectiva, os seguidores do fundamentalismo consideram eventos como a abertura do mar Vermelho

PRINCIPAIS IGREJAS EVANGÉLICAS E TENDÊNCIAS TEOLÓGICAS NO BRASIL

por Moisés e a multiplicação dos pães e peixes por Jesus acontecimentos reais, não simbólicos. Ao longo dos anos, essa abordagem evoluiu para o que agora é conhecido como fundamentalismo evangélico, exercendo influência significativa nas crenças e práticas de um grande número de fiéis ao redor do mundo.

LIBERALISMO

No século XIX, defendia a integração da fé cristã ao pensamento crítico contemporâneo. Adeptos dessa corrente incentivaram a análise racional da Bíblia e a conciliação das descobertas da ciência com os dogmas eclesiásticos. Embora não seja oficialmente adotada por qualquer denominação específica, essa teologia continua presente nos debates protestantes. No entanto, é amplamente rejeitada por muitos teólogos, que geralmente preferem adotar uma perspectiva ortodoxa ou neo-ortodoxa, ou seja, de não questionamento dos milagres bíblicos, como a ressurreição de Jesus, mas dialogam com os avanços científicos em suas elaborações teológicas.

MISSÃO INTEGRAL

Surgiu nos anos 1970, durante o Congresso de Lausanne (1974), um marco para o movimento evangélico global, que discutiu como a igreja poderia cumprir sua missão no mundo de maneira abrangente. O conceito foi proposto por líderes evangélicos latino-americanos como René Padilla (1932-2021) e Samuel Escobar (1934-), que defendiam que a evangelização e a ação social não deveriam ser separadas. Para eles, o evangelho não se restringe à salvação individual, mas deve impactar todas as áreas da vida, enfrentando a pobreza, a injustiça e a opressão.

A Missão Integral foi amplamente adotada por igrejas evangélicas, especialmente na América Latina, e permanece uma influência significativa no cristianismo global, desafiando a igreja a agir tanto em palavras quanto em ações.

PENTECOSTALISMO

Surgiu na passagem do século XIX para o XX e se destaca por dar importância à experiência espiritual direta, que inclui a manifestação de dons do Espírito Santo, sinal de conexão profunda com o sagrado e de manifestação do próprio Deus nos fiéis. Os dons mais conhecidos são as curas sobrenaturais e a glossolalia. Esse movimento, ao longo dos anos, ganhou grande influência no cenário evangélico; estendeu-se para diversas comunidades religiosas ao redor do mundo e impactou a forma como muitos fiéis experimentam e expressam a fé. No Brasil, os representantes do pentecostalismo incluem a Assembleia de Deus e a Congregação Cristã no Brasil.

PIETISMO

Surgido na Alemanha no século XVII, trouxe uma nova perspectiva à fé luterana. Seus seguidores, insatisfeitos com o que consideravam uma fé excessivamente intelectualizada e desprovida de efervescência, de exalação e de experiência com o divino para além da racionalidade, buscavam uma experiência religiosa mais íntima e significativa, aliada à devoção a Deus e ao serviço ao próximo. Muitas das ideias pietistas influenciaram John Wesley, o fundador do metodismo. O metodismo, por sua vez, desempenhou papel crucial no movimento norte-americano conhecido como Grande Despertamento, que, no século XVIII, levou à fundação de diversas igrejas, incluindo a Igreja do Nazareno, a Igreja Adventista do Sétimo Dia e a Igreja de Deus, entre outras.

PURITANISMO

Os puritanos, ingleses do século XVI insatisfeitos com algumas práticas da Igreja Anglicana similares às católicas — como a intercessão aos santos e à Virgem Maria, por exemplo —, ansiavam por uma igreja mais simples, focada unicamente na Bíblia. Confrontados com obstáculos na Inglaterra, muitos migraram para os Estados Unidos, estabelecendo suas comunidades lá. O movimento deu origem a várias denominações, como batistas e presbiterianos, além de grupos menos conhecidos no Brasil como os quakers, que rejeitam rituais e hierarquia, e os amish, que levam uma vida simples e evitam a tecnologia moderna. Embora existam diferenças entre esses grupos, todos emergiram do ideal puritano de uma igreja mais simples, e longe das práticas católicas.

TEOLOGIA NEGRA

Movimento que surgiu nos Estados Unidos durante a década de 1960, período marcado pela luta contra a segregação racial e pelos direitos civis no país. Este ramo da teologia se desenvolveu principalmente entre evangélicos batistas. A premissa desta teologia é que a experiência dos negros na luta antirracista é essencial para a compreensão da fé cristã.

Essa abordagem considera Deus libertador dos oprimidos e correlaciona a vida de Jesus Cristo ao sofrimento que os negros enfrentaram ao longo da história. Um exemplo dessa ligação é a identificação da opressão que os hebreus sofreram na escravidão no Egito, conforme as narrativas do texto bíblico do Êxodo, comparada à opressão que os negros norte-americanos enfrentaram na segregação civil. Muitos *spirituals*, como "Go Down Moses", ressaltam esse paralelo, comparando a súplica de Moisés ao faraó para libertar os hebreus da escravidão com o anseio por justiça e igualdade da população negra dos Estados Unidos.

TENDÊNCIAS TEOLÓGICAS

Teólogos proeminentes da teologia negra, como James Cone (1938-2018) e Albert Cleage (1911-2000), defendem que o cristianismo deve ser uma força na luta pela libertação social e racial. Eles criticam interpretações da fé cristã que ignoram a experiência racial e a opressão, e propõem uma compreensão da Bíblia que enfatize a justiça e a libertação da opressão social e do pecado pessoal.

TEOLOGIA COACHING

É um fenômeno crescente no contexto religioso brasileiro, especialmente nas igrejas neopentecostais, que combina conceitos de coaching com preceitos religiosos. Enfatiza o sucesso individual e a responsabilidade pessoal, promovendo a ideia de que as pessoas possuem dentro de si as ferramentas para alcançar prosperidade e realização. Ao contrário da teologia da prosperidade, que ainda mantém uma relação com o divino, a teologia coaching desloca Deus dessa equação, afirmando que o sucesso depende unicamente do esforço humano e de metas pessoais.

Ranieri Costa, autor do livro *Teologia coaching: a ilusória ideologia de que nascemos só para vencer*, critica o movimento, apontando que ignora as realidades da dor, do sofrimento e das desigualdades sociais. Costa argumenta que, ao responsabilizar exclusivamente os indivíduos por seu fracasso ou sucesso, a teologia coaching cria um discurso violento, especialmente para pessoas que já enfrentam dificuldades sociais. Para ele, a mensagem dessa teologia intensifica a culpa nas pessoas que não conseguem prosperar, ignorando os contextos mais amplos que afetam suas vidas.

Por outro lado, Yago Martins, autor de *Você é o ponto fraco de Deus e outras mentiras da teologia do coaching*, vai além, discutindo os perigos teológicos dessa abordagem. Ele critica a forma como essa doutrina distorce a fé cristã, trocando os valores espirituais pelo foco em metas materiais. Martins argumenta que a teologia coaching promove uma visão distorcida

PRINCIPAIS IGREJAS EVANGÉLICAS E TENDÊNCIAS TEOLÓGICAS NO BRASIL

de Jesus, transformando-o em um exemplo de sucesso terreno, em vez de um modelo de sacrifício e humildade. Para ele, o movimento é uma deturpação dos princípios bíblicos, com efeitos prejudiciais para a fé cristã.

Ambos os autores concordam que essa teologia se expandiu especialmente entre influenciadores e coaches que utilizam a linguagem religiosa para atrair seguidores. Essa combinação de preceitos de autoajuda com o discurso religioso cria uma expectativa de sucesso que, quando não alcançada, gera frustração e culpa. Essa crítica é fundamentada na percepção de que o coaching espiritualizado desconsidera as complexidades da vida, reduzindo-as a questões de esforço pessoal e motivação, sem considerar as adversidades inerentes à condição humana.

Essas análises esclarecem que a teologia coaching não é apenas uma tendência controversa no meio religioso, mas também um fenômeno social com implicações significativas, especialmente quando instrumentalizada em contextos políticos, como no caso de figuras públicas que se utilizam dessa retórica para atrair eleitores e seguidores.

4

DEBATES E POLÊMICAS

GÊNERO E SEXUALIDADE

CELIBATO

O celibato, na tradição evangélica, é considerado uma escolha, tanto em relação à abstinência sexual quanto ao casamento, baseado em ensinamentos bíblicos. Geralmente é promovido entre solteiros até o casamento, mas alguns optam por manter o celibato permanentemente. Ao contrário do catolicismo romano, não é obrigatório para pastores evangélicos. Algumas denominações defendem o celibato para fiéis homossexuais como alternativa ao casamento homoafetivo.

DENÚNCIAS DE ASSÉDIO ENCOBERTAS POR IGREJAS

O abuso praticado por líderes das igrejas evangélicas é um tema sensível, mas recorrente. Apesar da preocupação de não "manchar" a reputação da instituição, as acusações de omissão partem, muitas vezes, de dentro das próprias igrejas.[11] Figuras respeitadas em círculos conservadores, como o

DEBATES E POLÊMICAS

pastor Yago Martins e a teóloga Norma Braga, romperam o silêncio sobre casos abafados de assédio, violência doméstica e pedofilia. No entanto, aqueles que denunciam enfrentam represálias. "Vão me excluir de conferências, editoras, e talvez me isolem de alguns círculos", disse Martins no vídeo "Grandes teólogos que encobrem abusos em suas igrejas".

Líderes religiosos justificam o encobrimento afirmando que escândalos prejudicam toda a "obra de Deus" e que não se deve "manchar a igreja". O deputado Marco Feliciano, em discurso recente, reforçou essa posição ao declarar que "delegacia de crente se chama círculo de oração", sugerindo que cristãos devem resolver problemas internamente, em vez de recorrerem às autoridades.[12]

Na prática, pastores acusados frequentemente recebem punições leves, como orações e declarações de arrependimento. Já as vítimas e suas famílias, quando denunciam à polícia, muitas vezes são desligadas de suas comunidades, perdendo redes de apoio e solidariedade.

Mulheres que se posicionam contra essas práticas muitas vezes são rotuladas como "feministas". Debater estupro marital, por exemplo, é visto como um absurdo, já que, em certos círculos, o corpo da esposa é considerado propriedade do marido. Esse desequilíbrio de poder entre homens e mulheres dentro das igrejas tem potencial para influenciar a escolha de candidatos em disputas eleitorais.

FEMINISMO CRISTÃO

Vertente do pensamento feminista que defende a participação plena das mulheres na vida eclesiástica. Inclui, por exemplo, a ordenação de mulheres como pastoras e líderes espirituais. Advoga também pela autonomia feminina em questões individuais como o divórcio e a saúde reprodutiva, desafiando a noção tradicional de supremacia masculina no casamento cristão.

GÊNERO E SEXUALIDADE

Os adeptos dessa perspectiva propõem reinterpretações de textos bíblicos que limitaram o papel das mulheres na igreja. Passagens como as de Efésios 5,22, 1 Coríntios 14,34 e 1 Timóteo 2,12, que prescrevem a submissão das mulheres aos seus maridos e as proíbem de ensinar ou ter voz ativa nas congregações, são reexaminadas à luz de seus contextos históricos e culturais. Existem argumentos que defendem que esses versículos são produtos de normas sociais da época e, portanto, não devem ser interpretados e aplicados de forma literal hoje.

As feministas cristãs frequentemente se encontram em uma condição de isolamento e dupla rejeição: são alvo de críticas por parte das feministas seculares por permanecerem dentro de estruturas religiosas vistas como perpetuadoras da desigualdade de gênero, e por comunidades cristãs conservadoras, que enxergam o feminismo como um movimento extremista que ameaça os papéis tradicionais de gênero estabelecidos pela Bíblia.

Em uma tentativa de harmonizar os princípios da igualdade de gênero com as crenças religiosas tradicionais, alguns cristãos defensores da causa têm adotado uma estratégia linguística engenhosa. Em vez de usar o termo "feminismo", que muitas vezes compreende conotação negativa em suas comunidades, preferem utilizar a palavra "igualitarismo". A escolha reduz a resistência e abre espaço para o diálogo sobre questões de igualdade de gênero.

Fundada durante o Fórum Pentecostal Latino-Caribenho (FPLC) em maio de 2015, a Evangélicas pela Igualdade de Gênero (EIG) é um exemplo de iniciativa feminista cristã. Seu objetivo central é promover discussões sobre questões de gênero e lutar contra a violência direcionada às mulheres em ambientes domésticos, profissionais e religiosos.

IGREJAS INCLUSIVAS

São comunidades evangélicas que acolhem fiéis independentemente de sua orientação sexual e identidade de gênero. Embora suas práticas e crenças

DEBATES E POLÊMICAS

teológicas possam variar, todas compartilham o compromisso com a diversidade e a inclusão de pessoas LGBTQIAPN+, manifestada através do reconhecimento de uniões homoafetivas e da ordenação de pastores e pastoras homossexuais e transgêneros. Essas igrejas podem ser interdenominacionais ou não denominacionais, e estão presentes em outras tradições cristãs, como a católica e a ortodoxa.

O X DA QUESTÃO: SEXUALIDADE E HOMOAFETIVIDADE

A maior parte das igrejas evangélicas prega que o sexo deve ser expresso no matrimônio heterossexual, fundamentando essa concepção em interpretações de trechos da Bíblia, como Gênesis 2,24, que diz: "Por isso, deixa o homem pai e mãe, e se une à sua mulher, tornando-se os dois uma só carne." Esse versículo é usado para afirmar que o casamento é uma união especial e sagrada, e que a relação sexual é parte dessa unidade. Para muitas denominações evangélicas, essa união foi planejada por Deus desde a criação e deve refletir o compromisso e a fidelidade, assim como o relacionamento entre Cristo e a Igreja. Com isso, a virgindade antes do casamento e a fidelidade conjugal são enfatizadas nos dogmas ensinados pelas igrejas evangélicas. Entretanto, nem todos os evangélicos aplicam em suas vidas essa crença tradicional. Há aqueles que assumem uma postura mais progressista ou inclusiva em relação à sexualidade.

Entre essas perspectivas, alguns segmentos evangélicos defendem a aceitação de relacionamentos homoafetivos a partir de diferentes interpretações da Bíblia. O uso de métodos contraceptivos também tem sido objeto de debates entre os evangélicos. As opiniões vão desde a total aceitação até a resistência parcial ou total em ambos os tópicos.

GÊNERO E SEXUALIDADE

TEXTOS DO TERROR

É uma expressão utilizada nos estudos teológicos para designar a interpretação de trechos da Bíblia que representam violência, abuso ou sofrimento, especialmente direcionados a mulheres, casais homoafetivos e minorias. O termo foi difundido pela teóloga feminista Phyllis Trible em *Texts of Terror: Literary-Feminist Readings of Biblical Narratives* [Textos do terror: Leituras literário-feministas de narrativas bíblicas], lançado em 1984. Os "textos do terror" incluem passagens do livro bíblico de Levítico e epístolas de Paulo, e têm sido objeto de estudos críticos com a proposta de compreender seus contextos históricos e culturais originais e propor interpretações alternativas.

Alguns estudiosos argumentam que essas passagens condenam práticas sexuais específicas na antiguidade, como a pedofilia e a exploração sexual, e não os relacionamentos amorosos e consensuais entre pessoas do mesmo sexo na atualidade. O movimento LGBTQIAPN+ também utiliza o termo "textos do terror" na reinterpretação e ressignificação de passagens bíblicas usadas para condenar e marginalizar pessoas de orientações sexuais diversas.

DROGAS

LEGALIZAÇÃO DO USO DA CANNABIS E CRISTIANISMO

O debate sobre a legalização do uso medicinal da Cannabis dentro de círculos evangélicos no Brasil é uma questão emergente, liderada por figuras como Patrícia Villela Marino, presidente do Instituto Humanitas360. Patrícia, que cresceu em um ambiente conservador, começou a reavaliar suas opiniões após participar do documentário *Ilegal — A vida não espera*, que retrata a luta de famílias pelo direito ao uso da Cannabis para tratar doenças graves.

Para Patrícia, o uso medicinal da Cannabis é uma pauta cristã, desafiando preconceitos religiosos e o que ela chama de "farisaísmo". Ela questiona por que uma planta com propriedades terapêuticas, capaz de tratar epilepsia, Alzheimer e Parkinson, seria vista como algo negativo dentro da fé cristã.

Embora Patrícia não apoie o uso recreativo da maconha, especialmente entre adolescentes, ela defende abertamente o uso medicinal e promove o debate entre evangélicos, inclusive no Congresso Nacional. Ela participou

DEBATES E POLÊMICAS

da elaboração do projeto que garantiu a distribuição de canabidiol pelo SUS, sancionado em São Paulo.

Esse movimento reflete uma crescente presença de evangélicos, especialmente mulheres, que conciliam religião, ciência e direitos humanos, distanciando-se de posições conservadoras tradicionais. Embora não representem todo o segmento evangélico, sua influência pode ser decisiva em futuros processos eleitorais.

TRAFICANTES EVANGÉLICOS

A relação entre crime e religião, particularmente no universo pentecostal, está recebendo mais atenção ultimamente, em especial com o surgimento do "Complexo de Israel", um conjunto de favelas que em 2024 eram controladas por um grupo liderado pelo traficante Álvaro Malaquias Santa Rosa, conhecido como Peixão.

Esse nome surgiu em alusão a uma "terra prometida", e o líder é um traficante que também se identifica como evangélico. Ele tem promovido atos de intolerância religiosa, como o fechamento de terreiros e igrejas católicas na região. O Complexo se tornou conhecido tanto pela violência quanto pelas ações que misturam narcotráfico e religião, com traficantes impondo práticas religiosas em áreas sob seu controle.

A partir de estudos sobre esse caso, termos como "traficante evangélico", "narcopentecostalismo" e "narcorreligião" vêm sendo usados para descrever a interseção entre religião e crime organizado. Dois livros se tornaram referência nesse debate: *Traficantes evangélicos: quem são e a quem servem os novos bandidos de Deus*, da pastora e pesquisadora Viviane Costa, e *A fé e o fuzil: crime e religião no Brasil do século XXI*, do jornalista Bruno Paes Manso.

Desde os anos 2000, pesquisadores como Christina Vital e Cesar Teixeira têm observado que o crescimento do pentecostalismo nas favelas do

DROGAS

Rio de Janeiro impactou os traficantes locais, geralmente servindo como alternativa para aqueles que querem abandonar seu envolvimento com o crime. O trabalho de Cesar Teixeira também destacou que a convivência entre pentecostais e traficantes resultou na categoria emergente dos "ex-bandidos", que abandonaram o crime após se converterem ao pentecostalismo.

O antropólogo Diogo Silva também observou fenômenos semelhantes na Cidade de Deus, no Rio de Janeiro. Ali, a convivência entre traficantes e evangélicos levou a uma interação complexa, resultando em um estilo de pentecostalismo adaptado à vida do crime e, inversamente, no tráfico de drogas influenciado pela linguagem e cultura pentecostais.

No entanto, a mútua transformação não significa a fusão total entre religião e crime. Os moradores e envolvidos ainda conseguem fazer a distinção entre os dois universos.

O advento da autodeclaração de "traficantes evangélicos" levanta questões sobre como essa categoria é percebida e definida pelos envolvidos, incluindo pastores evangélicos e traficantes. É importante entender se o fenômeno é localizado ou está se tornando sistemático e se difundindo, e qual igreja aceita e incorpora a categorização.

ISRAEL E AS GUERRAS NO ORIENTE MÉDIO

ANTISSEMITISMO CRISTÃO

O antissemitismo cristão refere-se à hostilidade e discriminação contra judeus que surgiu e se desenvolveu dentro de tradições e contextos cristãos ao longo da história. Um dos elementos centrais desse preconceito foi a acusação de deicídio, a crença de que os judeus seriam responsáveis pela morte de Jesus Cristo. Essa ideia se espalhou pela Europa desde os primeiros séculos do cristianismo, gerando consequências graves para as relações entre cristãos e judeus.

Uma figura influente na perpetuação do antissemitismo foi Martinho Lutero, líder da Reforma Protestante no século XVI. Embora inicialmente tenha demonstrado uma atitude tolerante em relação aos judeus, Lutero adotou uma postura virulentamente antijudaica em seus últimos anos. Em sua obra *Sobre os judeus e suas mentiras*, ele expressou opiniões que fortaleceram estereótipos negativos e contribuíram para a marginalização das comunidades judaicas.

DEBATES E POLÊMICAS

O antissemitismo cristão evoluiu ao longo dos séculos, muitas vezes associado a eventos violentos, como os Pogroms na Rússia, a Inquisição Espanhola e as Cruzadas, durante as quais comunidades judaicas foram atacadas por motivos religiosos. No século XX, esse preconceito se fundiu com ideologias raciais, contribuindo para o antissemitismo nazista e o Holocausto.

Atualmente, no Brasil, o antissemitismo cristão não tem se manifestado de forma expressiva. Muitas lideranças evangélicas recorrentemente demonstram apoio e apreço ao Estado de Israel e adotam símbolos da tradição judaica em suas igrejas.

DISPENSACIONALISMO

Esse "palavrão" voltou a aparecer no noticiário internacional desde o início da guerra entre Israel e Hamas, iniciada em outubro de 2023. O termo pode ajudar a entender por que tantos evangélicos brasileiros vestem camisas com as cores da bandeira de Israel em eventos como a Marcha para Jesus e o motivo de tantos deles defenderem o lado de Israel no conflito.

O dispensacionalismo é uma teologia originada na Inglaterra no século XIX que ganhou destaque através de John Nelson Darby, um influente pastor e teólogo. A teoria segmenta a história da humanidade em "dispensações" que representam períodos distintos em que Deus interagiu de formas diferentes com as pessoas. Os adeptos do dispensacionalismo adotam uma leitura bastante literal da Bíblia, focando especialmente nas profecias que envolvem o papel de Israel nos acontecimentos do mundo.

Essa perspectiva se espalhou amplamente, conquistando muitos fiéis nos Estados Unidos e no Brasil, particularmente nos segmentos evangélicos. Muitos desses fiéis, tanto americanos quanto brasileiros, interpretam a criação do Estado de Israel em 1948 como a concretização de uma profecia bíblica, essencial para os eventos que precedem o fim do mundo. Como resultado, há um forte apoio a Israel por parte desses evangélicos, que determinam suas posturas e políticas em relação aos conflitos no Oriente Médio.

No cerne do dispensacionalismo está o "Arrebatamento", um evento futuro no qual, antes de um período de perseguição global, os verdadeiros crentes serão levados ao céu.

SIONISMO CRISTÃO

No Brasil, o sionismo cristão, impulsionado pela teologia dispensacionalista, emergiu como uma força política significativa, unindo grupos diversos como evangélicos, católicos, judeus, militares e liberais, todos em apoio a Israel. O movimento ganhou destaque com a eleição de Jair Bolsonaro em 2018, marcando uma aliança entre interesses religiosos e políticos.

O sionismo cristão no Brasil não só reforça o apoio ostensivo a Israel, mas também molda a política e opinião públicas, destacando a integração entre crenças religiosas e ações políticas estratégicas. Um dos exemplos mais significativos dessa influência foi a campanha para transferir a embaixada brasileira de Tel Aviv para Jerusalém em 2019, simbolizando um vínculo profundo e ideológico desses grupos com Israel.

O fenômeno demonstra que as ideologias teológicas podem estender sua influência além do espiritual, afetando as relações internacionais e políticas internas. Por isso, torna-se importante compreender tais dinâmicas em um mundo politicamente diverso. A adesão a essas ideologias reflete tanto convicções religiosas quanto estratégias políticas, evidenciando o impacto profundo das perspectivas teológicas nas decisões políticas de um país.

LIBERDADE E PERSEGUIÇÃO

CRISTOFOBIA

Termo que tem sido utilizado para descrever a hostilidade, discriminação ou perseguição contra cristãos ou contra a fé cristã em geral. A concepção associada à cristofobia é que, em alguns círculos sociais ou situações, os cristãos podem enfrentar discriminação, preconceito ou violência devido às suas crenças. Isso pode ocorrer de diferentes formas, como ataques físicos, restrições à liberdade religiosa, discriminação social ou cultural, entre outros atos de hostilidade.

Nos discursos parlamentares no Brasil, alguns representantes evangélicos conservadores sustentam a ideia de perseguição aos cristãos fundamentando-a em temas sociais que estão ligados a direitos individuais, como a legalização de relações homoafetivas e a inclusão de questões de gênero nas políticas educacionais. Esses políticos alegam que a cristofobia se manifesta por meio da degradação moral da sociedade, identificando comunidades LGBTQIAPN+, movimentos feministas e outros movimentos como supostos inimigos.

DEBATES E POLÊMICAS

A retórica da cristofobia, apesar da popularidade entre alguns setores, é criticada por não encontrar respaldo na realidade brasileira. A maioria cristã, tanto em termos históricos quanto demográficos, não enfrenta ameaças significativas aos seus direitos de expressão ou culto no país. O discurso, nesse contexto, é percebido como estratégia política que distorce a realidade para justificar a resistência contra avanços em direitos de minorias sociais, alimentando o imaginário de uma nação cristã ameaçada.

EVANGÉLICOS CRÍTICOS X FUNDAMENTALISTAS

Enquanto os fundamentalistas defendem a leitura literal da Bíblia, os evangélicos críticos a consideram um texto a ser interpretado à luz do presente, sendo politicamente comprometidos com questões de justiça social, ambiental e de direitos das minorias.

A leitura literal da Bíblia compreende os textos sagrados como expressões diretas e precisas da vontade divina, e não acata nuances contextuais, culturais ou simbólicas. Um exemplo desse tipo de leitura é a crença de que Deus teria criado o mundo em seis dias de 24 horas cada, como está no relato da criação em Gênesis. Não há, nessa abordagem, interpretações simbólicas ou a perspectiva científica sobre a origem do universo e da vida.

Por outro lado, a leitura crítica da Bíblia analisa os textos sagrados à luz do contexto histórico, cultural e linguístico, considerando a influência de diferentes perspectivas e entendimentos ao longo do tempo. A partir do mesmo exemplo, ao abordar o relato da criação em Gênesis, a interpretação crítica poderia ponderar que os textos foram escritos em uma época cultural específica e contêm elementos metafóricos para transmitir verdades espirituais.

O conflito de interpretações pode ocorrer em diversas passagens bíblicas que abordam moralidade, ética, papel das mulheres, direitos das minorias,

152

LIBERDADE E PERSEGUIÇÃO

entre outros tópicos. Em relação à sexualidade, alguns dos pontos de controvérsia incluem interpretações divergentes sobre passagens que tratam de casamento, divórcio, relações homossexuais e papéis de gênero.

Intérpretes literais podem aderir a interpretações tradicionais e preservar o entendimento convencional dessas passagens, enquanto críticos podem preferir considerar a evolução das normas sociais e culturais.

LIBERDADE RELIGIOSA

A Reforma Protestante, iniciada no século XVI, questionou a autoridade da Igreja Católica e defendeu a ideia de que deve existir liberdade para interpretar e praticar sua fé sem intervenção hierárquica. A separação entre Igreja e Estado, que surge como resultado da Reforma, também teve implicações significativas para a liberdade religiosa.

A ideia de que o governo não deveria impor uma religião específica permitiu a coexistência de diferentes tradições religiosas dentro das sociedades. Esses princípios fundamentais estabeleceram as bases para o desenvolvimento dos direitos individuais, incluindo a liberdade de culto e a não discriminação religiosa.

A Constituição de 1891, marco histórico para a liberdade religiosa, através do artigo 72 instituiu a liberdade de culto, assegurando direitos essenciais tanto a cidadãos brasileiros quanto a estrangeiros.

A significativa mudança enfraqueceu a hegemonia da Igreja Católica nos serviços públicos, inaugurando uma era de valorização da laicidade do Estado. Posteriormente, em 1988, a atual Constituição brasileira fortaleceu esse princípio, enfatizando a separação entre Estado e religião e a liberdade de crença garantida nos artigos 5º e 19º. Esses avanços refletem um esforço institucional para a promoção do comprometimento do Brasil com a diversidade e da democracia, evidenciando a política de inclusão e respeito à pluralidade religiosa e cultural.

DEBATES E POLÊMICAS

No entanto, há aparente descompasso entre a defesa da liberdade religiosa e a estigmatização das religiões de matriz afro-brasileira por alguns grupos evangélicos no cenário religioso contemporâneo no Brasil. Enquanto muitos proclamam a importância da liberdade individual de crença como princípio fundamental, outros perpetuam estereótipos negativos, rotulando as práticas religiosas de matriz afro-brasileira como demoníacas ou associadas a forças malignas.

PERSEGUIÇÃO A EVANGÉLICOS EM CURSOS DE HUMANAS

A perseguição a evangélicos em cursos de humanas refere-se às experiências de discriminação e exclusão enfrentadas por estudantes e profissionais evangélicos dentro do ambiente acadêmico, especialmente nas ciências sociais e humanidades. Esse fenômeno é amplificado por tensões entre valores religiosos e o pensamento acadêmico dominante, que muitas vezes se opõe às crenças religiosas, particularmente as evangélicas.

Estudantes evangélicos relatam enfrentar preconceito por sua fé, o que se manifesta tanto no convívio social quanto no ambiente acadêmico. Eles alegam que são frequentemente marginalizados por não se adequarem aos comportamentos e visões típicas da comunidade universitária, como o consumo de álcool ou visões mais liberais sobre sexualidade.[13] Além disso, há uma distinção entre como diferentes grupos religiosos são tratados: evangélicos periféricos ou pentecostais de grandes igrejas, por exemplo, são alvo de maior discriminação, enquanto evangélicos de classe média e brancos parecem ser mais aceitos.

Nesse contexto de marginalização, a Aliança Bíblica Universitária (ABU) tem desempenhado um papel crucial ao oferecer suporte a estudantes cristãos, especialmente evangélicos, que enfrentam preconceito dentro do ambiente acadêmico. Com mais de 50 anos de atuação no Brasil e presente em mais de 168 países, a ABU promove o estudo bíblico e o fortalecimento da fé em universidades. Ao criar um espaço seguro para debates e compartilhamento de experiências, a ABU ajuda esses estudantes a conciliar suas crenças com a vida acadêmica e a enfrentar as tensões que surgem nesse ambiente.

A perseguição religiosa em cursos de humanas também se cruza com outras formas de discriminação, como o racismo.[14] Nesses casos, as discriminações religiosa e racial se sobrepõem, criando um ambiente de exclusão social. Essa perseguição, segundo relatos, é exacerbada pela resistência da academia a pessoas religiosas em geral, mas especialmente àquelas associadas a comunidades pentecostais e de origem periférica.

O tema reflete um problema de intolerância religiosa e elitismo cultural, que impacta negativamente estudantes e pesquisadores que desejam conciliar sua fé com a vida acadêmica.

POLÍTICA, ESTADO E GOVERNO

NACIONALISMO CRISTÃO

O nacionalismo cristão, ideologia que pretende conciliar a identidade religiosa à nacional, tem raízes históricas e influências distintas nos Estados Unidos e no Brasil. Nos Estados Unidos, remonta à fundação do país, em que a fé cristã, particularmente o protestantismo, desempenhou papel significativo na formação da identidade nacional. Desde então, estabeleceu-se forte senso de identidade cristã entre os americanos, influenciando a cultura, a política e até a legislação do país.

O nacionalismo cristão nesse país frequentemente se expressa como um movimento político e cultural que busca reforçar a presença e a influência cristãs na esfera pública, equilibrando isso com as políticas baseadas na liberdade individual. Seus defensores veem os EUA como uma nação "sob Deus" e promovem políticas que refletem valores cristãos, como a proteção da vida, da família tradicional e da liberdade religiosa. Eles costumam referir-se aos "pais fundadores" da nação e à tradição judaico-cristã como pilares da nação, argumentando que tais valores devem ser preservados em face das mudanças sociais e culturais.

DEBATES E POLÊMICAS

Por outro lado, no Brasil, o nacionalismo cristão emerge sem uma narrativa de fundação tão fortemente ligada à fé cristã como nos Estados Unidos. O movimento ganhou força como resposta ao crescente secularismo e a influências culturais estrangeiras percebidas como ameaças à identidade cristã do país. Muitos brasileiros consideram a religião fonte de valores e coesão social em um cenário de mudança rápida e incerteza política. Por exemplo, a percepção sobre homens adultos vem se transformando rapidamente. Até recentemente eles eram percebidos como sendo "provedores", hoje são vistos negativamente como opressores que reproduzem a desigualdade de gênero na sociedade.

Os defensores do nacionalismo cristão no Brasil frequentemente recorrem à preservação da moralidade cristã contra a decadência moral e social. Essas pessoas buscam proteger a família e a igreja de influências externas, temendo o declínio do cristianismo e a perda da identidade nacional. Líderes políticos que se alinham ao nacionalismo cristão muitas vezes são considerados defensores de valores tradicionais e da fé, e geralmente são apoiados por uma base eleitoral religiosa.

ORIGEM E EVOLUÇÃO DA BANCADA EVANGÉLICA E FRENTE PARLAMENTAR EVANGÉLICA (FPE)

A "bancada evangélica" se refere aos legisladores que se identificam como evangélicos e defendem agendas típicas dessa vertente. Ela coexiste com a Frente Parlamentar Evangélica (FPE), entidade com estrutura organizacional definida e personalidade jurídica própria. São entidades distintas, embora intimamente interligadas, que representam os interesses dos parlamentares evangélicos no Congresso Nacional.

Enquanto a FPE pode contratar funcionários, eleger uma diretoria e cobrar contribuições, a bancada evangélica é informal, reunindo políticos

158

POLÍTICA, ESTADO E GOVERNO

evangélicos de diferentes partidos em uma legislatura específica. Para exemplificar a diferença: políticos católicos podem participar da FPE, mas não são considerados parte da bancada evangélica.

A FPE é uma frente parlamentar composta por deputados federais e senadores, com o propósito de aprimorar a legislação referente a questões relevantes para a comunidade evangélica. Sua origem remonta ao período pós-ditadura militar, quando era popularmente conhecida como "bancada evangélica". A "bancada" se formalizou em 2003, constituindo-se como a frente parlamentar de caráter religioso mais antiga do Congresso Nacional.

Para serem registradas, as frentes parlamentares devem contar com a adesão de pelo menos um terço dos integrantes do Poder Legislativo federal. Por isso, políticos não evangélicos que compartilham afinidades ou almejam facilitar a articulação política também participam da frente parlamentar. Na 56ª legislatura, a FPE obteve validação com 203 assinaturas, sendo 195 deputados federais e 8 senadores, dos quais 93 professam a fé evangélica.

A FPE ganhou destaque em 2013 ao se opor às iniciativas que visavam desestigmatizar a homoafetividade e ao promover o "Estatuto da Família", que defende uma visão tradicional da estrutura familiar. Além de representar os interesses evangélicos, a FPE tem sido uma voz influente em debates legislativos sobre temas morais e sociais, muitas vezes adotando posições conservadoras alinhadas a seus valores religiosos.

POLÍTICA E MOVIMENTOS PARACRISTÃOS

Os movimentos paracristãos são grupos ou iniciativas que se baseiam em elementos da tradição cristã, mas que operam fora das igrejas e denominações convencionais. Eles frequentemente utilizam símbolos, linguagem e práticas cristãs para promover objetivos que vão além da religião tradicional, muitas vezes incorporando outras esferas, como o coaching,

DEBATES E POLÊMICAS

o empreendedorismo e o desenvolvimento pessoal. Esses movimentos tendem a enfatizar o sucesso individual, a prosperidade e o crescimento pessoal como evidências tangíveis de uma fé ativa.

Algumas características principais são:

- Uso de discurso religioso em contextos seculares: Movimentos paracristãos costumam adotar linguagens típicas da teologia cristã, mas com foco em temas como sucesso pessoal e metas de vida. No caso da teologia coaching, por exemplo, líderes promovem a ideia de que a prosperidade não depende mais de uma relação direta com Deus, mas sim do esforço pessoal e do cumprimento de metas, como discutido por Ranieri Costa no livro *Teologia coaching*.
- Descentralização e estruturas flexíveis: Diferente das igrejas tradicionais, muitos desses movimentos são descentralizados, como o Quartel-General do Reino (QGR), fundado por Pablo Marçal, o qual veremos mais profundamente à frente.
- Ênfase no sucesso material: A teologia coaching, frequentemente associada a esses movimentos, foca em um discurso de responsabilidade individual, no qual o sucesso financeiro e pessoal é interpretado como resultado da fé e do esforço individual. Como apontam teólogos como Yago Martins, esse enfoque distorce a mensagem cristã original, direcionando a fé para metas materiais e desviando-se de princípios espirituais.
- Influência no cenário político: Algumas figuras desses movimentos, como Pablo Marçal, têm utilizado suas redes para expandir sua influência política, gerando preocupações sobre o uso de movimentos religiosos para obtenção de apoio eleitoral. Essa sobreposição entre religião e política é criticada por autores como Ranieri Costa, que alerta para a instrumentalização da fé para fins seculares.

QUARTEL-GENERAL DO REINO

O Quartel-General do Reino (QGR) é um dos exemplos mais conhecidos de fenômenos paracristãos. Trata-se de um movimento criado por Pablo Marçal, influenciador e político, com o objetivo de formar líderes espirituais conhecidos como "generais". Inspirado por conceitos religiosos, o QGR promove a ideia de que cada família pode ser uma base do Reino de Deus, com encontros semanais que visam o desenvolvimento pessoal, espiritual e familiar.

O movimento teve início em 2021, com o evento "O Chamado", no qual Marçal reuniu 15 mil pessoas para lançar as diretrizes do QGR.[15] O influenciador define seu projeto como uma forma de viver o cristianismo fora dos templos tradicionais, enfatizando que cada indivíduo é responsável por sua "base" e deve prosperar em várias áreas da vida, incluindo espiritualidade e negócios.

Os participantes dos QGRs, também chamados de células, compartilham experiências, conhecimentos e objetivos comuns, buscando uma vida próspera, não apenas em termos financeiros, mas em sabedoria e desenvolvimento pessoal. Segundo Marçal,[16] o movimento tem Jesus como seu verdadeiro líder, enquanto ele próprio se vê como apenas uma "faísca" que iniciou o processo.

Embora Marçal destaque que o QGR não é uma religião formal, batismos e cerimônias como a ceia fazem parte do movimento, o que gerou debates sobre seu caráter religioso. Com milhares de membros, o QGR continua a crescer e expandir suas células pelo Brasil. O movimento utiliza uma abordagem organizacional inspirada na lógica multinível, em que ex-alunos e líderes treinados por Marçal criam novos núcleos e promovem a mensagem do QGR em suas comunidades, conectando espiritualidade com empreendedorismo.

O Quartel-General do Reino (QGR) é um movimento religioso e altamente vinculado ao nome de Marçal, o que levanta questões sobre sua

DEBATES E POLÊMICAS

natureza proprietária. À medida que Marçal lança sua carreira política, o fato de possuir uma rede de núcleos espalhados por todo o Brasil pode ser visto como uma vantagem estratégica, já que muitos dos seguidores do movimento também se tornam apoiadores políticos. Isso cria preocupações sobre a linha tênue entre religião e política, uma vez que o QGR pode atuar como uma base de apoio eleitoral em potencial.

RACISMO E PERSEGUIÇÃO A RELIGIÕES AFRO-BRASILEIRAS

CRESCIMENTO DA POSTURA ANTIRRACISTA NAS IGREJAS EVANGÉLICAS

O racismo religioso no Brasil é um fenômeno complexo, profundamente enraizado na história da colonização e na construção de identidades sociais e religiosas ao longo dos séculos. Desde o período colonial, o cristianismo europeu, particularmente o catolicismo, foi imposto sobre as populações indígenas e africanas escravizadas, muitas vezes resultando na perseguição e marginalização de suas crenças e práticas religiosas. Esse processo consolidou uma visão eurocêntrica da religiosidade, que vinculava a branquitude ao poder e à civilidade, enquanto relegava as religiões de matriz africana à marginalidade e à demonização.

No contexto brasileiro, as igrejas evangélicas, especialmente as de vertente pentecostal e neopentecostal, muitas vezes replicaram esse racismo religioso, visto na demonização das religiões afro-brasileiras, como o candomblé e a umbanda. A teologia do domínio, adotada por alguns grupos

DEBATES E POLÊMICAS

radicalizados, incentiva o combate a outras expressões de fé, levando a atos de intolerância religiosa. Esses ataques são frequentemente direcionados às religiões de matriz africana, associadas a práticas "pagãs" e "diabólicas". O vandalismo de terreiros, por exemplo, é um reflexo dessa visão religiosa excludente, sustentada por interpretações conservadoras da Bíblia.

No entanto, a culpabilização genérica dos evangélicos pelo racismo tem se mostrado uma análise superficial e problemática. Afirmações simplificadas, como "evangélicos são racistas", ignoram a realidade de que a maioria dos fiéis dessas igrejas é composta por pretos e pardos, muitas vezes vindos das classes mais pobres da sociedade.[17] Como argumenta a socióloga Mônica Ruiz, "culpar os evangélicos" pelo racismo religioso no Brasil acaba por perpetuar uma narrativa que coloca a responsabilidade sobre os mesmos pretos que sofrem com o racismo sistêmico. Além disso, a generalização falha em reconhecer a diversidade interna do protestantismo brasileiro, no qual coexistem diferentes teologias e práticas, nem todas alinhadas com o racismo religioso.

Dentro das igrejas evangélicas, o debate sobre o racismo é uma questão controversa. Enquanto temas como aborto e homoafetividade são amplamente discutidos como "pecados morais", o racismo, considerado um "pecado social", raramente é abordado nos púlpitos. Jacira Monteiro, autora de *O estigma da cor*, levanta a questão sobre por que as lideranças religiosas evangélicas permanecem em silêncio em relação ao racismo mesmo no recorte racial em que se encontram. A invisibilidade do racismo nas pregações reflete a dificuldade de incorporar essa discussão em um espaço dominado por debates morais conservadores.

O silêncio sobre o racismo dentro das igrejas é mantido tanto por progressistas quanto por ultraconservadores. Progressistas evangélicos temem que a incorporação do racismo como pecado, conforme defendido por Jacira Monteiro, permita que religiões afro-brasileiras continuem sendo demonizadas, pois separa a discriminação associada à raça da discriminação relacionada à religiosidade. Por outro lado, ultraconservadores rejeitam o debate racial, considerando-o parte de uma agenda "identitária esquerdista" que ameaça os valores tradicionais cristãos. No entanto, a ausência dessa discussão tem perpetuado práticas discriminatórias dentro de igrejas, tanto em congregações tradicionais, como as batistas e presbiterianas, quanto em igrejas pentecostais, onde a maioria dos membros é preta ou parda.

Apesar da resistência, nas últimas décadas tem se observado um crescimento da postura antirracista entre conservadores evangélicos, especialmente em igrejas pentecostais localizadas nas periferias urbanas. A mudança é significativa, pois desafia a ideia de que o antirracismo está exclusivamente associado a pautas progressistas. Em muitas comunidades evangélicas de baixa escolaridade, que compõem a base conservadora do movimento, há uma nova disposição para discutir o racismo. Um exemplo disso é o questionamento, entre evangélicos negros, sobre a prática de pastores negros casarem-se exclusivamente com mulheres brancas.

Esse movimento antirracista conservador é considerado uma rebeldia viável dentro de contextos populares. Embora esses evangélicos continuem a se opor a pautas progressistas, como a aceitação das religiões de matriz africana, eles reconhecem a perpetuação do racismo em suas próprias igrejas e começam a abordá-lo através de uma lente teológica. Trata-se de uma evolução que, embora ainda limitada, pode abrir espaço para um diálogo mais amplo sobre a interseção entre fé, raça e justiça social dentro das igrejas evangélicas no Brasil.

NEOPENTECOSTAIS CONTRA CANDOMBLÉ E OUTRAS RELIGIÕES DE MATRIZ AFRICANA

O antropólogo Bruno Reinhardt trouxe perspectivas originais para esse debate ao estudar a relação entre representantes de religiões de matriz africana e neopentecostais em Salvador (BA). Ele apresenta esse tema com uma

DEBATES E POLÊMICAS

nova perspectiva, indicando como candomblé, umbanda e outras variações da religiosidade afrobrasileira percebem o evangelicalismo e consequências positivas inesperadas dele.

Analisando diferentes pontos de vista sobre o assunto, Reinhardt conclui que o neopentecostalismo se apropria de elementos das religiões de matriz africana, especialmente a ideia da capacidade dos orixás e de outras entidades de agirem por conta própria. Essa abordagem diferencia essas igrejas de outras que enxergam essas religiões a partir do folclore ou da representação simbólica de valores culturais. Assim, por um lado, o neopentecostalismo reconhece a eficácia das religiões afro-brasileiras ao mesmo tempo que as enquadra em uma lógica dualista de bem contra mal, e as entidades, incorporadas a essa teologia, tornam-se parte de uma liturgia.

O foco dessa assimilação está em uma ideia neopentecostal de tomar conta de si, em oposição às religiões que enfatizam reciprocidade e sacrifício. Ou seja, em vez de estabelecer relações contratuais com outros agentes — orixás, entidades —, a submissão ao Espírito Santo leva a uma "posse de si", a uma libertação dessas outras dependências.

Do lado das religiões de matriz africana, o autor fala de duas respostas à presença do neopentecostalismo. A primeira percebe o neopentecostalismo como uma espécie de "roubo do axé"; a outra indica que a tensão provocada por esse encontro aproxima as religiões de matriz africana do Estado. Então, a presença dos neopentecostais confere certa unidade às religiões de matriz africana que não existiam antes. A princípio as relações com o Estado causavam desconfiança e desconforto, porque suas práticas eram ignoradas ou perseguidas. Hoje essa "guerra santa" recolocou os praticantes das religiões de matriz africana alinhados com a linguagem do Estado e da cidadania. Representantes dessas religiões têm o reconhecimento e o apoio institucional para defender a si e sua religiosidade.

RACISMO RELIGIOSO

O racismo religioso no Brasil agrega preconceitos raciais e religiosos, afetando especialmente as de matriz africana. Fiéis dessas religiões enfrentam barreiras e discriminação no acesso a emprego, moradia e serviços públicos simplesmente por conta de sua fé; eles são, por exemplo, alvo de 59% dos crimes de intolerância religiosa.[18] Terreiros de candomblé e outros espaços sagrados são frequentemente alvos de vandalismo e incêndios criminosos.

A discriminação contra as religiões afro-brasileiras se manifesta através da associação de suas práticas a imagens do mal, como a vinculação de orixás e rituais a figuras demoníacas, especialmente por correntes neopentecostais. Isso alimenta estereótipos negativos, desumaniza os adeptos e questiona a validade cultural e espiritual dessas crenças, reforçando preconceitos e marginalização.

As raízes do problema remontam aos tempos coloniais, quando as práticas culturais e religiosas dos povos escravizados foram proibidas pela Igreja Católica, estabelecendo um ambiente de intolerância e demonização dessas religiões que persiste até os dias de hoje.

Muitos legitimam esses atos de discriminação afirmando se tratar de liberdade de expressão religiosa, ignorando o impacto prejudicial sobre as comunidades afetadas. Apesar de não ser um fenômeno uniforme em todas as comunidades evangélicas, o racismo religioso representa sério obstáculo à liberdade de crença e à convivência pacífica entre pluralidade religiosa no Brasil. A falta de um posicionamento firme de algumas igrejas históricas e pentecostais diante desse cenário pode ser interpretada como aprovação implícita, evidenciando a necessidade de uma ação não discriminatória mais assertiva e vocal.

Em 2023, um levantamento feito pela JusRacial constatou que nos tribunais do Brasil estavam em andamento 176 mil processos por racismo, dos quais cerca de um terço ligados à intolerância religiosa.

DEBATES E POLÊMICAS

Em 2024, apenas no primeiro semestre 1.940 casos de violações à liberdade religiosa foram registrados no Disque 100, canal de denúncias do Ministério dos Direitos Humanos, o que representa um crescimento de 91% em comparação ao total do ano anterior. As religiões de matriz africana foram as mais afetadas, com 276 violações reportadas, sendo o candomblé e a umbanda as mais citadas, e evangélicos citados como suspeitos de cometer violações contra adeptos das religiões afro-brasileiras em 55 dos casos registrados. Além disso, a maioria das vítimas são mulheres e pessoas negras.[19]

CRISE AMBIENTAL, SUSTENTABILIDADE E APOCALIPSE

A RELAÇÃO DOS EVANGÉLICOS COM O MEIO AMBIENTE

O debate entre as igrejas evangélicas sobre as mudanças climáticas é complexo e, em muitos casos, ambivalente. Embora existam iniciativas ecoteológicas, propostas por evangélicos para combater o aquecimento global a partir de uma visão cristã, essas iniciativas enfrentam dificuldades para prosperar. Um dos motivos principais é o apoio de muitas lideranças evangélicas a setores como o agronegócio e a grupos políticos conservadores, que frequentemente associam o ambientalismo a uma "pauta de esquerda". Essa dinâmica contribui para que a questão ambiental não seja prioritária entre os fiéis.

Em 2020, uma pesquisa realizada durante os primeiros meses da pandemia de covid-19, coordenada pela agência climática Purpose, investigou a importância do tema ambiental entre evangélicos pentecostais e neopentecostais no Brasil. A etapa qualitativa desse estudo revelou que a visão dos evangélicos sobre o meio ambiente é, em muitos aspectos, semelhante à da

DEBATES E POLÊMICAS

população brasileira das camadas populares. Para os entrevistados, a proteção ambiental faz sentido quando se conecta a questões práticas e cotidianas, como o lixo jogado nas ruas que causa enchentes ao entupir bueiros.

Além disso, a proteção ambiental é associada à economia de recursos. Exemplos disso incluem práticas como apagar as luzes das igrejas fora do horário de uso, reciclar água da chuva, usar materiais descartados para construir igrejas, coletar latas de alumínio para financiar projetos sociais e promover oficinas de reciclagem durante as aulas dominicais para crianças. Essas ações são vistas como formas concretas de cuidar do meio ambiente, mesmo que não estejam ligadas diretamente a um discurso mais amplo sobre mudanças climáticas.

Entretanto, a pesquisa identificou que o debate sobre o meio ambiente nas igrejas é limitado pela sua proximidade com temas políticos. Os evangélicos entrevistados quase não mencionaram o ambientalismo como um problema político relevante, o que reforça a dificuldade de promover esse tema no contexto religioso.

Os resultados desse estudo dialogam com a pesquisa do sociólogo Renan William Santos, da USP, que foi consultor no estudo da Purpose e se especializa na relação entre religiões cristãs e o meio ambiente. Segundo Renan, os evangélicos que se consideram ambientalistas acreditam que o ser humano pode usufruir dos recursos da Terra, desde que esse domínio seja responsável. Eles defendem que cuidar da criação divina é uma obrigação, independente de crenças sobre o fim dos tempos.

No entanto, Renan observa que a pregação ecoteológica, que defende a responsabilidade de "cultivar e guardar" a criação, é uma prática adotada apenas por uma minoria. Embora essa visão seja bem aceita pelos evangélicos em geral, ela raramente se traduz em uma prioridade prática para a maioria dos fiéis. Em outras palavras, mesmo quando os evangélicos aceitam a ideia de uma teologia mais ecológica, ela não resulta em grandes mudanças nas práticas cotidianas ou nas prioridades das igrejas, devido à prevalência de uma concepção antropocêntrica tradicional.

CRISE AMBIENTAL, SUSTENTABILIDADE E APOCALIPSE

Assim, o crescimento de uma postura ecoteológica entre os evangélicos existe, mas é limitado. Não há grandes barreiras teológicas que impeçam uma narrativa cristã mais ecológica, mas a dificuldade está em transformar essa aceitação teórica em ações concretas que coloquem o meio ambiente no centro das preocupações das igrejas evangélicas.

EVANGÉLICOS E A SUSTENTABILIDADE

A percepção de que os evangélicos brasileiros são indiferentes à sustentabilidade e, em alguns casos, até desejam a confirmação das profecias apocalípticas, é uma simplificação que não reflete a complexidade dessa questão. Estudos recentes, como os conduzidos pelo sociólogo Renan William dos Santos, revelam que, embora os evangélicos não rejeitem completamente as pautas ambientais, eles têm uma relação conflituosa com os ambientalistas.

A principal divergência entre evangélicos e ambientalistas está na visão sobre a posição do ser humano no planeta. Enquanto a ciência e movimentos como a Nova Era veem o ser humano como parte de uma cadeia cósmica ou mais um ser vivo entre muitos, os evangélicos, baseados em crenças cristãs tradicionais, consideram o ser humano "a coroa da criação", atribuindo-lhe um papel central e privilegiado no mundo. Esse embate filosófico sobre o lugar do homem no universo contribui para a resistência dos evangélicos em adotar o "ambientalismo dos ambientalistas", que muitas vezes carrega valores seculares que a fé cristã rejeita, como no caso da discussão sobre o aborto.

A Igreja Católica, como aponta Santos, foi mais rápida em interpretar a pauta ambiental de uma perspectiva religiosa, o que lhe conferiu maior aceitação pública e a atração de jovens católicos. A Igreja conseguiu integrar a preservação ambiental sem expor seus seguidores a valores progressistas contrários à doutrina. Os evangélicos, por sua vez, ainda enfrentam dificuldades em fazer essa ponte de forma ampla.

DEBATES E POLÊMICAS

Dentro das igrejas evangélicas, existe um grupo de fiéis que Renan denomina "ecorreligiosos" — evangélicos que defendem pautas ambientais, mas que evitam confrontar abertamente seus líderes sobre questões ambientais. Esses fiéis, muitas vezes, se isolam como "iluminados incompreendidos", sem buscar maior engajamento comunitário ou confrontar a inércia institucional. Contudo, eventos climáticos extremos, como a tragédia de 2024 no Rio Grande do Sul, oferecem uma oportunidade para que os ecorreligiosos ajam de forma mais pragmática e proativa.

Renan sugere que igrejas poderiam se destacar de maneira positiva se, além de suas tradicionais atividades de assistência em tragédias, implementassem programas coordenados de conscientização e ação ambiental. Tais iniciativas ajudariam a prevenir desastres futuros e poderiam mudar a imagem pública do ativismo evangélico, demonstrando que sua preocupação não se limita a disputas ideológicas, mas inclui o cuidado com o planeta e com as comunidades mais vulneráveis.

Um exemplo concreto da eficácia dessas práticas pode ser observada no Recife. Em uma área afetada pela chuva em 2022, morreram 64 pessoas vítimas de deslizamentos de terra. Mas em uma comunidade chamada Retiro, na mesma região da cidade, não houve fatalidades, porque estudantes locais monitoravam as chuvas com pluviômetros caseiros e alertaram seus vizinhos a tempo. A tragédia foi evitada por uma simples ação de prevenção.

Poderia haver um "milagre da prevenção de tragédias" se uma pequena fração das mais de 110 mil igrejas evangélicas do Brasil adotasse práticas semelhantes, utilizando ferramentas como o aplicativo Dados à Prova D'Água, do Cemaden, para compartilhar informações e alertas com suas comunidades. Dessa forma, as igrejas poderiam desempenhar um papel ativo na proteção ambiental e na prevenção de desastres, promovendo uma nova visão de responsabilidade social e cuidado com o planeta entre os evangélicos.

OUTROS TEMAS

CRISTIANISMO E DESEMPENHO ESPORTIVO

Atletas cristãos, como Rebeca Andrade, Caio Bonfim, Rayssa Leal e Gabriel Medina, que conquistaram medalhas nas Olimpíadas de Paris, têm levado especialistas a refletir sobre a possível relação entre o cristianismo e o desempenho esportivo. A conexão entre espiritualidade e performance envolve a junção de dois campos aparentemente distintos: a fé, que é intangível, e a ciência, que mede e explica. Em um contexto social polarizado, no qual a religião muitas vezes cria divisões, entender essa relação exige uma abordagem mais profunda.

O sociólogo Diogo Corrêa, da Universidade de Vila Velha (UVV), sugere que se deve olhar para o protestantismo não apenas por suas restrições morais, mas também pelo que possibilita eticamente. Ele argumenta que, como um sistema ético, o protestantismo oferece técnicas para enfrentar desafios. Nesse sentido, o temor a Deus não é visto como uma renúncia à razão, mas como uma adoção de uma racionalidade própria, que ajuda os indivíduos a superar adversidades e adversários.

DEBATES E POLÊMICAS

No campo esportivo, essa racionalidade se traduz em disciplina, resiliência e autocontrole. O professor Rodrigo Toniol, da UFRJ, aponta que para os cristãos "o corpo é um templo e precisa ser cuidado". Ele destaca a importância do aprimoramento físico e da renúncia a vícios como componentes fundamentais na ética cristã. Durante seu período acadêmico na Califórnia, Toniol conheceu academias voltadas para evangélicos, que reforçam a ideia de que o cuidado com o corpo faz parte da devoção.

Essa relação entre devoção e esporte também é observada em outras partes do mundo. O antropólogo Bruno Reinhardt, da UFSC, estudou uma denominação em Gana que associa a prática religiosa ao esporte. Nessa comunidade, há quadras nas igrejas e uma maratona anual é organizada, simbolizando que a conquista vem através da paciência e do autossacrifício. O esporte, assim como a prática devocional, ensina valores como resiliência e perseverança, características fortalecidas pela vivência dos "frutos do espírito", fundamentais tanto para a vida esportiva quanto para o cotidiano.

Há também paralelos diretos entre a prática esportiva e rituais religiosos no cristianismo. Reinhardt menciona que "maratonas de oração" demandam resistência e energia, características comuns ao treinamento atlético. A reflexão, nesse contexto, não trata de um favorecimento divino ou de uma intervenção sobrenatural no desempenho dos atletas, mas sim de como a ética protestante, com sua ênfase na disciplina e na superação de desafios, molda a preparação física e psicológica dos esportistas.

Os resultados nas Olimpíadas de Paris levantam questões sobre como essa mesma ética protestante pode influenciar a produtividade em outros âmbitos da sociedade brasileira, como o trabalho e o empreendedorismo. A disciplina e a resiliência promovidas por essa visão ética podem ser motores importantes para aqueles que buscam prosperidade e melhoria de vida no competitivo mundo moderno. Assim, longe de ser um pecado, o sucesso baseado nesses valores éticos cristãos demonstra uma fusão produtiva entre espiritualidade e performance.

OUTROS TEMAS

OS EVANGÉLICOS PODEM CONSUMIR BEBIDAS ALCOÓLICAS? A RELAÇÃO DOS EVANGÉLICOS COM O ÁLCOOL

Os evangélicos têm na Bíblia sua principal referência para decidir como se comportar em relação a diferentes questões. Mas como interpretar o consumo de álcool, amplamente mencionado nas páginas do livro sagrado, mas geralmente desencorajado entre esses cristãos? Em uma passagem célebre, Jesus transforma água em vinho, e o vinho é frequentemente associado a momentos de celebração e práticas religiosas. Como, então, justificar que muitas igrejas exijam a abstenção total de bebidas alcoólicas para que novos membros possam ser batizados?

A relação dos evangélicos com o consumo de álcool reflete diferentes interpretações bíblicas e valores culturais. Embora a Bíblia não condene diretamente o consumo de álcool, ela alerta contra os perigos da embriaguez e da falta de domínio próprio. Passagens como Efésios 5,18 e Provérbios 20,1 enfatizam que o vício e o excesso são pecados, mas não consideram o consumo moderado uma transgressão. Por esse motivo, no catolicismo, o consumo de vinho e outras bebidas alcoólicas não só é permitido, mas também historicamente incentivado. Abadias e mosteiros eram locais de produção de vinho, utilizado na liturgia.

No protestantismo, a abstenção de álcool costuma estar ligada a valores que buscam diferenciar os fiéis dos padrões do "mundo". Muitos evangélicos veem a abstinência como um ato de autocontrole, submissão a Deus e cuidado com o testemunho cristão. Romanos 14,21, por exemplo, aconselha a evitar comportamentos que possam escandalizar ou prejudicar os "mais fracos na fé". Além disso, a decisão de não consumir álcool é frequentemente entendida como uma forma de apoiar irmãos na fé que lutam contra o vício, especialmente em comunidades onde novos convertidos abandonaram o consumo abusivo de álcool ao encontrar no cristianismo uma nova perspectiva de vida.

DEBATES E POLÊMICAS

A embriaguez, rejeitada amplamente, é vista como prejudicial aos relacionamentos, à espiritualidade e à saúde, além de representar um risco de dependência química. Contudo, denominações protestantes históricas, como presbiterianas e luteranas, adotam uma postura mais moderada. Para essas tradições, o consumo responsável de álcool é visto como um presente de Deus, desde que praticado com equilíbrio e discernimento. O vinho, em particular, carrega conotações positivas, como na transformação da água em vinho por Jesus nas bodas de Caná (João 2,1-11) e na última ceia (Mateus 26,27-29).

Algumas igrejas buscam justificar a abstenção total argumentando que o vinho bíblico não embriagava, sendo de baixa fermentação ou equivalente a suco de uva. Embora essa interpretação não seja sustentada por evidências históricas consistentes, ela serve como base para proibir o consumo até mesmo em práticas religiosas, como a Ceia do Senhor.

Além disso, há distinções na aceitação de diferentes bebidas alcoólicas. Vinho e espumantes são mais tolerados devido à sua associação com celebrações formais e religiosas, enquanto cervejas e destilados enfrentam maior resistência, por estarem ligados a contextos considerados "mundanos" ou excessivos. Essas diferenças refletem a preocupação evangélica em equilibrar liberdade individual, impacto na comunidade de fé e a manutenção de um testemunho cristão coerente.

5

PARA CONHECER MAIS
O UNIVERSO EVANGÉLICO

LIVROS ACADÊMICOS

ALENCAR, Gedeon Freire de. *Assembleia de Deus*: origem, implantação e militância (1911-1946). São Paulo: Arte Editorial, 1ª edição, 2010.

Analisa a trajetória da Assembleia de Deus no Brasil desde sua fundação até se tornar a maior denominação evangélica brasileira. Alencar, filho de um pastor assembleiano, investiga o crescimento da igreja através de fontes primárias e secundárias, destacando as disputas por poder e a resposta da instituição às transformações sociais. O livro traz uma visão aprofundada sobre a relação entre carisma e autoridade institucional na expansão do pentecostalismo. É uma leitura essencial para interessados no pentecostalismo brasileiro.

ALMEIDA, Ronaldo de. *A Igreja Universal e seus demônios*: um estudo etnográfico. São Paulo: Fapesp/Terceiro Nome, 2009.

O autor aborda desde a história do movimento até práticas etnográficas detalhadas dos cultos de libertação (exorcismos), explorando a expansão da Igreja Universal do Reino de Deus, especialmente no templo do Brás, em São Paulo. Almeida investiga como a mensagem neopentecostal se disseminou rapidamente entre diferentes credos e classes sociais, enfocando tanto as dimensões institucionais quanto as relações sociais e simbólicas.

PARA CONHECER MAIS O UNIVERSO EVANGÉLICO

ARAÚJO, Victor. *A religião distrai os pobres?*: o voto econômico de joelhos para a moral e os bons costumes. São Paulo: Edições 70, 2022.

Livro fundamental para compreender como a religião afeta as escolhas eleitorais. Victor Araújo analisa o impacto dos eleitores evangélicos pentecostais no cenário político. Esse grupo frequentemente rejeita candidatos de partidos de esquerda, o que afeta as políticas redistributivas que poderiam beneficiar camadas mais pobres da sociedade. Esses eleitores muitas vezes colocam suas convicções religiosas acima de suas necessidades econômicas e interesses individuais. A obra detalha esse fenômeno no Brasil e mostra como o crescimento acelerado do pentecostalismo, particularmente em estados de renda média e baixa, pode modificar a relação entre eleitores e políticos em regimes democráticos.

BARR, Beth A. *A construção da feminilidade bíblica*: como a submissão das mulheres se tornou a verdade do Evangelho. Rio de Janeiro: Thomas Nelson Brasil, 1ª edição, 2022.

O livro desafia a crença comum no cristianismo de que a submissão feminina é um princípio bíblico inquestionável. A autora, historiadora e acadêmica Beth Barr argumenta que essa visão foi moldada por influências históricas, e não por mandamentos divinos. A obra explora como a feminilidade "bíblica" foi construída ao longo do tempo, e repensa o papel das mulheres na igreja e na sociedade com base em estudos históricos e teológicos.

BIROLI, Flávia et al. *Gênero, neoconservadorismo e democracia*: disputas e retrocessos na América Latina. São Paulo: Boitempo, 2020.

O livro resulta de uma pesquisa transnacional de 2018 a 2019 e explora tensões entre gênero, religião, direitos e democracia na América Latina. Flávia Biroli, Maria das Dores Campos Machado e Juan Marco Vaggione investigam o crescente envolvimento político de grupos católicos e evan-

LIVROS ACADÊMICOS

gélicos conservadores após o fim da "onda vermelha". Eles examinam o uso de conceitos como "ideologia de gênero" e "feminismo radical" por esses grupos para impor legislações que limitam direitos e desafiam a democracia. A obra discute o impacto dessas ações para a erosão de políticas públicas essenciais e a legitimidade de movimentos sociais, evidenciando uma crescente onda autoritária.

BURDICK, John. *Procurando Deus no Brasil*: a Igreja católica progressista no Brasil na arena das religiões urbanas brasileiras. Rio de Janeiro: Mauad, 1998.

Examina o papel das igrejas evangélicas pentecostais nas comunidades populares do Brasil, explorando como essa fé influencia as identidades sociais e pessoais dos fiéis. Através de pesquisa etnográfica, Burdick destaca o impacto cultural e social do pentecostalismo e também discute o movimento católico progressista, analisando como ele contrasta com as igrejas evangélicas ao priorizar uma teologia da libertação, focada em justiça social e apoio às classes mais vulneráveis, em oposição à espiritualidade individualizada dos pentecostais.

CORRÊA, Diogo S. *Anjos de fuzil*: uma etnografia das relações entre pentecostalismo e vida do crime na favela Cidade de Deus. Rio de Janeiro: EDUERJ, 2023.

O autor aborda o entrelaçamento entre religião e criminalidade na Cidade de Deus, periferia do Rio de Janeiro. O livro é resultado de uma tese de doutorado sobre como o pentecostalismo e o crime se influenciam mutuamente. Corrêa destrincha a comunidade, com foco especial nos ex-traficantes que se converteram ao Evangelho e nas consequências dessa transformação na dinâmica do tráfico. O trabalho oferece uma perspectiva essencial a respeito das mudanças pessoais e sociais que a fé evangélica pode catalisar em um contexto urbano desafiador.

PARA CONHECER MAIS O UNIVERSO EVANGÉLICO

COSTA, Viviane. *Traficantes evangélicos*: quem são e a quem servem os novos bandidos de Deus. Rio de Janeiro: Thomas Nelson Brasil, 2023.

Explora a conexão entre traficantes de drogas e a fé evangélica nas favelas do Rio de Janeiro. O estudo analisa questões como a possibilidade de conciliar práticas ilícitas com crenças religiosas e se há um padrão comum entre aqueles que se identificam como cristãos evangélicos nesse cenário. A obra questiona o papel da igreja e como os textos sagrados são interpretados em situações de violência. Nos últimos dez anos, pesquisadores e líderes religiosos têm buscado respostas. Viviane Costa se aprofunda no tema, trazendo à luz as complexidades da fé e da vida nas comunidades afetadas.

CUNHA, Magali do Nascimento. *A explosão gospel*: um olhar das ciências humanas sobre o cenário evangélico no Brasil. Rio de Janeiro: Mauad, 2007.

Mergulha no universo do gospel brasileiro e revela como a música religiosa se tornou um fenômeno de massa a partir da década de 1990. A autora destaca a importância da Igreja Renascer em Cristo nesse processo, mostrando como a igreja, com sua forte presença na mídia, impulsionou a carreira de diversos artistas e popularizou o termo "gospel". A pesquisa demonstra que o gospel, apesar de sua forte ligação com a fé, também se adapta às tendências do mercado musical, criando uma ponte entre o sagrado e o secular.

CUNHA, Magali do Nascimento. *Do púlpito às mídias sociais*: evangélicos na política e ativismo digital. Curitiba: Appris Editora, 2019.

Este livro traça um panorama histórico da presença evangélica no Brasil desde o século XIX, contextualizando sua relação com as mídias e a política ao longo do tempo. A autora utiliza Facebook e Twitter como base para sua pesquisa, mapeando os perfis de ativistas digitais evangélicos mais influentes e traçando um panorama de suas características.

LIVROS ACADÊMICOS

GISEL, Pierre. *Enciclopédia do protestantismo*. São Paulo: Hagnos, 2016.

É essencial para compreender o impacto da tradição pentecostal na cultura, história e sociedade. Com mais de 1.370 verbetes e contribuições de mais de trezentos autores de várias nacionalidades, este volume destaca figuras influentes como João Calvino e Johann Sebastian Bach, abordando aspectos teológicos, culturais e sociais do protestantismo. Ideal não apenas para evangélicos, mas para o público mais amplo, como fãs de história, professores e comunicadores, a enciclopédia oferece *insights* valiosos sobre como a fé interage com questões contemporâneas. É uma ferramenta para entender a dinâmica da identidade religiosa de forma global.

FEBVRE, Lucien. *Martinho Lutero, um destino*. São Paulo: Três Estrelas, 2012.

O livro aborda Lutero como um monge angustiado pelo pecado cuja teologia pessoal acabou transformada em movimento coletivo. O autor investiga as influências históricas e psicológicas sobre Lutero, destacando sua busca pela salvação pessoal, os conflitos internos e o impacto de suas ideias no contexto social e político de uma Alemanha fragmentada. Febvre combina rigor analítico com crítica historiográfica, oferecendo um retrato profundo e multifacetado de Lutero, sua teologia e as consequências da reforma protestante.

FERNANDES, Rubem César. *Novo nascimento*: os evangélicos em casa, na política e na igreja. Rio de Janeiro: Mauad, 1998.

Este livro é o resultado de uma pesquisa pioneira coordenada por Rubem César Fernandes no Instituto de Estudos da Religião (ISER) que explora o crescimento vertiginoso dos evangélicos no Brasil. Fernandes e sua equipe realizaram entrevistas com mais de 1.300 fiéis e visitaram seus domicílios para traçar um perfil dos evangélicos brasileiros, abordando suas práticas religiosas, posicionamentos políticos e envolvimento comunitário.

PARA CONHECER MAIS O UNIVERSO EVANGÉLICO

A obra revela como muitos desses fiéis migraram do catolicismo e descreve o impacto de sua conversão, mostrando como a fé evangélica molda suas atitudes em relação à moral, à família e à política.

FERNANDES, Rubem César. *Romarias da paixão*. Rio de Janeiro: Rocco, 1994.

O autor analisa o fenômeno das peregrinações religiosas tanto no Brasil quanto na Polônia, com um olhar antropológico sobre como essas práticas refletem uma forma de resistência cultural e política. O livro investiga as complexas relações entre fé, identidade e política, especialmente em contextos de opressão, como o regime comunista na Polônia e as lutas sociais no Brasil. Fernandes examina como as romarias expressam devoção, mas também servem como manifestações públicas de identidade e solidariedade, promovendo uma análise das tradições populares em torno da religião e da política.

FRESTON, Paul. *Protestantismo e política no Brasil*: da constituinte ao impeachment. 1993. Tese (Doutorado em Ciências Sociais). Campinas: Instituto de Filosofia e Ciências Humanas, Universidade Estadual de Campinas, 1993. Disponível em: https://www.ifch.unicamp.br/ifch/protestantismo-politica-brasil-constituinte-impeachment. Acesso em: 16 out. 2024.

Investiga a relação entre a ascensão do protestantismo e as mudanças políticas no Brasil desde a redemocratização. A pesquisa foca no impacto dos protestantes na política, analisando como as igrejas evangélicas se posicionaram durante a Constituinte e o impeachment presidencial de Fernando Collor. Freston explica como essas denominações moldaram debates e alianças, influenciando decisões nacionais e a própria democracia brasileira. A tese ajuda a entender a complexa dinâmica entre religião e poder, lançando luz sobre a crescente influência evangélica no cenário político.

LIVROS ACADÊMICOS

LOIOLA, José Roberto Alves. *A teologia de gestão, neopentecostalismo e a nova classe média:* um estudo de caso. São Paulo: Paco Editorial, 2021.

Oferece uma valiosa contribuição para a compreensão do neopentecostalismo contemporâneo, lançando luz sobre as particularidades da Igreja Sara Nossa Terra e sua busca por uma "cristianização" das instituições políticas e sociais através da teologia da gestão, um tipo de discurso que combina a fé com a busca pela prosperidade financeira ao incorporar elementos religiosos com princípios de coaching e empreendedorismo.

MACHADO, Maria das Dores Campos. *Carismáticos e pentecostais:* adesão religiosa na esfera familiar. São Paulo: Autores Associados/Anpocs, 1996.

Reconhecida pela Associação Nacional de Pós-Graduação e Pesquisa em Ciências Sociais (Anpocs) em 1994 como a melhor tese de doutorado publicada naquele ano, a obra explora o renascimento religioso nas sociedades contemporâneas. Com enfoque nas conversões ao pentecostalismo e ao movimento Renovação Carismática Católica (RCC), o estudo examina o impacto dessas escolhas religiosas na vida privada dos fiéis. Caracterizados por uma forte carga emocional e mística, o pentecostalismo e a RCC defendem a igualdade espiritual, que pode alterar a dinâmica familiar tradicional. A obra também aborda como a religiosidade afeta as questões de gênero, a autoestima das mulheres, a divisão de responsabilidades no lar, o comportamento sexual e o planejamento familiar. É pertinente não apenas para especialistas em religião, mas para qualquer interessado em tais interações.

MAFRA, Clara. *Os evangélicos.* Rio de Janeiro: Zahar, 2021.

Além de um simples relato histórico, essa obra oferece uma análise crítica e abrangente da adaptação, expansão e diversificação dessa fé em terras brasileiras. A autora traça um panorama desde a chegada dos primeiros missionários protestantes no século XIX, delineando as dificuldades

PARA CONHECER MAIS O UNIVERSO EVANGÉLICO

enfrentadas e as estratégias de inserção em um contexto sociocultural dominado pelo catolicismo. O livro examina como, a partir de um processo de constante reinvenção, o movimento evangélico conquistou espaço, moldando-se aos costumes locais e oferecendo respostas às necessidades de uma população em transformação.

MARIANO, Ricardo. *Neopentecostais*: sociologia do novo pentecostalismo no Brasil. São Paulo: Edições Loyola, 2005.

Marco fundamental para a compreensão do fenômeno neopentecostal no Brasil, este livro fornece um rico panorama histórico, sociológico e teológico do neopentecostalismo, lançando luz sobre suas características distintivas, doutrinas e impacto na sociedade brasileira.

MARQUES, V. A. *Fé & crime*: evangélicos e PCC nas periferias de São Paulo. São Paulo: Fonte Editorial, 2015.

Apenas três décadas atrás, este livro poderia ser considerado ficção, talvez até fantasia. O Primeiro Comando da Capital (PCC) ainda não existia e a influência do crime organizado era muito menos evidente nas periferias de São Paulo. Na época, o catolicismo dominava e o pentecostalismo estava apenas começando a crescer. Seria difícil imaginar que interações entre esses dois grupos em ascensão (PCC e pentecostais) se desenrolassem tão naturalmente. Mas a dinâmica mudou por completo e, embora repleto de histórias fascinantes, o livro trata de um mundo real em constante evolução.

MENDONÇA, A. G. *O celeste porvir*: a inserção do protestantismo no Brasil. São Paulo: EDUSP, 3a edição, 2008.

O autor mergulha nas tentativas iniciais de inserção da fé reformada durante o período colonial, explora o impacto das missões estrangeiras no século XIX e analisa as estratégias que permitiram a consolidação das igrejas protestantes no país. Com um olhar atento, o livro aborda a influência de

LIVROS ACADÊMICOS

correntes teológicas, como o calvinismo, o arminianismo e o pietismo, além das tensões entre a nova fé e a predominância católica. Mais do que um relato histórico, o texto oferece uma reflexão sobre como o protestantismo moldou a cultura e o pensamento brasileiro.

MEZ, Kristin K. Du. *Jesus e John Wayne*: como o evangelho foi cooptado por movimentos culturais e políticos. Rio de Janeiro: Thomas Nelson Brasil, 2022.

Uma exploração perspicaz da interseção entre religião, política e identidade nos Estados Unidos. O livro argumenta que a ascensão do evangelicalismo branco está profundamente interligada à celebração de uma masculinidade robusta e militante, personificada por figuras como John Wayne, ex-ator e cineasta norte-americano de filmes de faroeste. Du Mez traça a evolução dessa ideologia desde o início do século XX, mostrando como os evangélicos abraçaram uma visão de mundo que equiparava a fé cristã com o patriotismo americano, a ordem social tradicional e uma postura agressiva contra ameaças percebidas. O livro destaca figuras importantes como Billy Graham, James Dobson e Phyllis Schlafly, que moldaram o movimento evangélico e sua crescente influência na política americana, e explora como a ênfase na masculinidade influenciou atitudes em relação a questões como papéis de gênero, educação infantil, militarismo e relações raciais. Du Mez examina as raízes do movimento antifeminista, a ascensão da política de valores familiares e o crescente apoio à intervenção militar. A obra oferece uma crítica convincente do evangelicalismo branco contemporâneo, argumentando que sua fixação na masculinidade militante contribuiu para a polarização política e cultural nos Estados Unidos, e lança luz sobre as forças históricas que moldaram o cenário religioso e político americano, fornecendo insights valiosos sobre os desafios que a nação enfrenta hoje. Os argumentos da autora também provocam reflexões sobre o cristianismo no Brasil.

PARA CONHECER MAIS O UNIVERSO EVANGÉLICO

NETO, João Oliveira Ramos. *A história dos evangélicos para quem tem pressa*: dos luteranos aos neopentecostais em 200 páginas. Rio de Janeiro: Editora Valentina, 2023.

Oferece uma análise crítica e imparcial das diversas denominações, explorando suas origens, doutrinas, práticas e controvérsias, além de traçar um panorama histórico da presença evangélica no país, desde a chegada dos primeiros imigrantes até a atualidade. Com linguagem clara e acessível, o livro convida o leitor a uma verdadeira viagem pelo tempo, promovendo a compreensão e o respeito à diversidade dentro do movimento evangélico, sem defender qualquer ponto de vista específico.

NOVAES, Regina. *Os escolhidos de Deus*: pentecostais, trabalhadores e cidadania. Rio de Janeiro: Marco Zero, 1985.

Oferece uma análise aprofundada da experiência religiosa de camponeses filiados à Assembleia de Deus em Santa Maria, Pernambuco. A obra apresenta como a conversão religiosa se dá em meio a um contexto social marcado pela escassez de terra, relações de trabalho precárias e a busca por alternativas para a subsistência. A obra revela como os preceitos religiosos se adaptam aos costumes locais, permitindo a convivência entre crentes e não crentes e a participação dos fiéis nas lutas por direitos sociais e trabalhistas.

REINHARDT, Bruno. *Espelho ante espelho*. São Paulo: Attar, 2015.

Investiga os conflitos entre igrejas neopentecostais e religiões afro-brasileiras, buscando entender as perspectivas em jogo nessa "guerra santa". Reinhardt analisa os pontos de vista de cada lado, concluindo que a agressividade dos neopentecostais não se alinha com a acolhida dos terreiros de candomblé. São visões religiosas que se encontram, mas não se equiparam, pois não compartilham uma base comum de sentido e intenção.

LIVROS ACADÊMICOS

SMILDE, David. *Razão para crer*: agência cultural no movimento evangélico latino-americano. Rio de Janeiro: EdUERJ, 2012.

O livro resulta de três anos de pesquisa em uma igreja evangélica pentecostal em Caracas, na Venezuela. Analisa o processo de conversão a partir do conceito sociológico de agência, explorando as relações entre crença e razão. Entrevistas com fiéis revelam a participação religiosa como resposta a desafios como a crise, o crime e a violência.

SPYER, Juliano. *Povo de Deus*: quem são os evangélicos e por que eles importam. São Paulo: Geração Editorial, 2020.

Destaca os efeitos transformadores da conversão evangélica na vida de brasileiros de baixa renda, enfatizando avanços socioeconômicos, redução de violência doméstica e maior coesão familiar. A obra também aborda a pluralidade do movimento evangélico, diferenciando protestantes históricos, pentecostais e neopentecostais, além de explorar questões delicadas como o papel político dos evangélicos, o protagonismo negro nas igrejas e as conexões entre religião e criminalidade.

VALLE, Vinicius do. *Entre a religião e o lulismo*. São Paulo: Recriar, 2019.

Estudo de caso que apresenta como fiéis de uma Assembleia de Deus na periferia de São Paulo vivenciaram pressões cruzadas em eleições recentes: por um lado, recebiam orientação de voto de seus líderes religiosos, geralmente contrários ao PT; por outro lado, muitos se identificavam com as políticas sociais do lulismo e com a figura de Lula. O autor analisa como a igreja atua como um partido político, mobilizando seus membros para eleger candidatos e defender pautas como valores cristãos e defesa da família.

PARA CONHECER MAIS O UNIVERSO EVANGÉLICO

VILHENA, Valéria C. *Uma igreja sem voz*: análise de gênero da violência doméstica entre mulheres evangélicas. São Paulo: Fonte Editorial, 2011.

O texto reflete uma fase corajosa iniciada por mulheres pentecostais que questionam a representação feminina na teologia e sobre a possibilidade de criar espaços mais justos e igualitários nas igrejas. Elas reconhecem que os ambientes religiosos podem perpetuar a violência contra mulheres. Em um contexto social, político e religioso em que direitos são frequentemente ameaçados, essas mulheres consideram a necessidade de um "novo céu e nova terra" onde não exista exclusão ou violência contra elas. De acordo com a autora, questionar o uso do sagrado como justificativa da violência é considerado um ato profético, inspirado pela fé em Jesus Cristo, que promove igualdade entre gêneros.

VITAL, Christina. *Oração de traficante*: uma etnografia. Rio de Janeiro: Garamond, 2015.

O livro da antropóloga brasileira Christina Vital da Cunha investiga a relação entre religiosidade e tráfico de drogas nas favelas do Rio de Janeiro, com foco nas comunidades de Acari e Santa Marta. Baseado em extensa pesquisa de campo, o estudo revela como líderes do tráfico utilizam orações diárias, realizadas às 5h30, para orientar ações dos subordinados e invocar proteção divina, integrando fé e criminalidade. A autora apresenta o conceito de "cultura pentecostal" nas favelas, destacando a influência evangélica que, desde os anos 1990, molda sociabilidades, incentiva conversões religiosas e redefine a estética e os comportamentos dos traficantes, muitas vezes em busca de "santificação". A obra também analisa o impacto da religiosidade na redução da violência e no fortalecimento de um dilema moral vivido por traficantes, cuja fé frequentemente entra em conflito com as práticas do crime.

Além dessas referências, o leitor encontrará livros, revistas e outras publicações sobre o tema do cristianismo e da religião no Brasil no site do Instituto de Estudos da Religião (ISER): https://iser.org.br/publicacoes/

LIVROS JORNALÍSTICOS

BALLOUSSIER, Anna Virginia. *O púlpito*: fé, poder e o Brasil dos evangélicos. São Paulo: Todavia, 2024.

A autora, jornalista da *Folha de S.Paulo* com mais de uma década de experiência cobrindo o tema, vai além dos estereótipos e preconceitos, construindo um retrato crítico, informativo e respeitoso. Ao longo de sete capítulos, Balloussier aborda temas como conversão, empreendedorismo, política, aborto, sexo, poder e dízimo, entrelaçando dados com relatos de pessoas reais, de pastores renomados a fiéis anônimos. A obra não se furta de analisar a influência política do segmento evangélico, revelando as estratégias de mobilização e o crescente poder da bancada religiosa em Brasília. Balloussier explora a relação complexa dos evangélicos com a esquerda, desde o apoio inicial a Lula em 2002 até a guinada conservadora que culminou na eleição de Bolsonaro, aprofundando a análise dos fatores que levaram a essa mudança de postura, e desmistifica a ideia de que os evangélicos são ingênuos e facilmente manipulados, revelando a consciência crítica de muitos fiéis em relação aos excessos de alguns líderes religiosos. O que torna essa obra uma leitura ainda mais instigante é o uso da ironia e do humor. A autora não se limita a apresentar os fatos, mas tece comen-

PARA CONHECER MAIS O UNIVERSO EVANGÉLICO

tários sagazes, expondo as contradições e o lado caricatural de algumas situações dentro desse segmento. É uma leitura fundamental para quem busca compreender a importância e a influência do segmento evangélico no Brasil, oferecendo um olhar desmistificador, que nos convida à reflexão e ao diálogo com esse grupo religioso que desempenha um papel central na sociedade brasileira.

DIP, Andrea. *Em nome de quem?*: a bancada evangélica e seu projeto de poder. Rio de Janeiro: Civilização Brasileira, 2018.

Através de uma pesquisa detalhada e entrevistas com políticos, pesquisadores e membros da comunidade evangélica, o livro oferece uma visão sobre a atuação da bancada evangélica e seu impacto na democracia brasileira. A obra também explora a relação entre a direita política e igrejas evangélicas, focando em diferentes teorias teológicas que embasam suas ações, como a teologia da prosperidade e a teologia do domínio, e discute o impacto da bancada evangélica em questões sociais controversas, tais como gênero, sexualidade e educação.

MANSO, Bruno Paes. *A fé e o fuzil*: crime e religião no Brasil do século XXI. São Paulo: Todavia, 2023.

Explora a intrincada relação entre a expansão do evangelismo, particularmente o pentecostalismo, e o crime organizado no Brasil. O autor argumenta que a fé, em vez de ser um antídoto para a violência, tornou-se um elemento central na cultura do crime, moldando a identidade, as ações e a justificativa moral de criminosos. O livro se baseia em décadas de pesquisa de Paes Manso, incluindo entrevistas com ex-criminosos, líderes religiosos e moradores de comunidades afetadas pela violência. Ele traça a trajetória do crime no Brasil desde os anos 1960, contextualizando a ascensão das igrejas evangélicas nas periferias urbanas. É uma obra fundamental para entender a complexa dinâmica entre religião e crime no Brasil contemporâneo, desafiando visões simplistas e revelando como a fé, em vez de ser uma força pacificadora, pode se tornar um instrumento de poder e violência.

NASCIMENTO, Gilberto. *O reino:* a história de Edir Macedo e uma radiografia da Igreja Universal. São Paulo: Companhia das Letras, 2019.

Uma investigação profunda sobre a trajetória do bispo Edir Macedo e a ascensão da Igreja Universal do Reino de Deus. O autor, por meio de uma pesquisa extensa e entrevistas com diversas fontes, incluindo ex-pastores, estudiosos de religião e representantes do Ministério Público, traça um panorama abrangente da instituição, revelando suas estratégias de crescimento, seus dogmas e a influência de seu líder máximo.

ROCHA, André Ítalo. *A bancada da Bíblia*: uma história de conversões políticas. São Paulo: Todavia, 2024.

A obra explora como líderes religiosos e políticos se uniram para moldar decisões e promover agendas baseadas em princípios religiosos, e examina a trajetória e a influência da bancada evangélica no cenário político brasileiro. O autor também analisa como certos atores políticos se aproximaram do discurso evangélico e passaram a utilizá-lo como ferramenta de poder e influência. O livro oferece uma visão crítica sobre a intersecção entre religião e política no Brasil contemporâneo, abordando temas como a relação entre Igreja e Estado, o uso da fé como capital político e as estratégias de poder adotadas por essa bancada.

LIVROS ESCRITOS POR EVANGÉLICOS

ALEXANDRE, Ricardo. *E a verdade os libertará*: reflexões sobre religião, política e bolsonarismo. São Paulo: Mundo Cristão, 2020.

O livro aborda a relação complexa e controversa entre a igreja evangélica brasileira e o fenômeno político do bolsonarismo, e propõe uma análise do movimento evangélico e do impacto do bolsonarismo em suas bases. Alexandre convida o leitor a refletir sobre o papel da igreja na sociedade, e questiona se o apoio incondicional a um líder político, mesmo que utilize uma retórica religiosa, está alinhado com os ensinamentos de Jesus e dos apóstolos.

ALVES, Eduardo L. *A sociedade brasileira e o pentecostalismo clássico*: razões socioculturais para a afinidade entre a teologia pentecostal e a realidade brasileira. São Paulo: CPAD, 2021.

Este livro explora como a teologia pentecostal encontrou um terreno fértil para se expandir na cultura brasileira. Ao oferecer uma interpretação da Bíblia simples e prática, focada na experiência pessoal com Deus, e ressignificar elementos da cultura popular, como a crença no mundo espiritual, o pentecostalismo cria um forte vínculo com os brasileiros. Além

LIVROS ESCRITOS POR EVANGÉLICOS

disso, a obra destaca as raízes históricas do movimento e seu impacto na vida social, promovendo mobilidade social e dignidade para muitos.

BLEDSOE, David Allen. *Movimento neopentecostal brasileiro*: um estudo de caso. São Paulo: Hagnos, 2012.

Este livro analisa o desenvolvimento do pentecostalismo no Brasil desde suas origens até o movimento neopentecostal e foca na Igreja Universal do Reino de Deus (IURD) como estudo de caso. Bledsoe argumenta que a IURD, com sua ênfase na prosperidade material, batalha espiritual e práticas como exorcismo, se assemelha a outras religiões populares do cenário religioso brasileiro e discute o quanto ela se assemelha e se diferencia das demais denominações evangélicas no Brasil.

BORGES, Gerson. *Ser evangélico sem deixar de ser brasileiro*. Viçosa: Ultimato, 2016.

A proposta deste livro é promover um diálogo honesto sobre como a fé e a cultura podem coexistir dentro de contextos evangélicos. A partir de sua vivência como pastor, músico e professor, o autor propõe uma reflexão sobre a visão de parte dos evangélicos que consideram a cultura brasileira algo mundano. Ele defende que gostar da cultura brasileira é parte de ser brasileiro, e que os evangélicos não devem se envergonhar ou se distanciar disso. Além disso, o livro apresenta a diversidade dentro do movimento evangélico e questiona as generalizações que frequentemente levam à associação dos evangélicos com o fundamentalismo e a alienação.

CÉSAR, Marília de Camargo. *O grito de Eva*. Rio de Janeiro: Thomas Nelson Brasil, 2021.

Este livro-reportagem expõe a realidade da violência doméstica vivida por mulheres evangélicas no Brasil, mostrando como a interpretação literalista e descontextualizada de versículos bíblicos sobre submissão feminina

PARA CONHECER MAIS O UNIVERSO EVANGÉLICO

perpetua o ciclo de abuso. Com base em histórias reais, apresenta casos de mulheres que sofreram violência de seus maridos e aborda o papel de pastores e líderes religiosos que, influenciados por uma teologia que defende papéis distintos de gênero para homens e mulheres, frequentemente culpabilizam as vítimas, minimizam seu sofrimento e as pressionam a permanecer em relacionamentos abusivos. A obra critica essa abordagem, defendendo uma leitura bíblica que promova a igualdade de gênero e enfatizando a importância do apoio familiar, profissional e de uma igreja acolhedora para superar o trauma e reconstruir a vida dessas mulheres.

COSTA, Ranieri. *Teologia coaching*. São Paulo: Fonte Editorial, 2024.

O livro explora a ascensão do fenômeno da "teologia coaching" no Brasil, focando em como influenciadores digitais evangélicos, como Tiago Brunet e Pablo Marçal, utilizam as redes sociais para disseminar mensagens de positividade, sucesso e prosperidade. O autor utiliza a análise do discurso para desvendar as estratégias linguísticas e a construção do ethos desses pregadores, revelando como se apropriam de conceitos bíblicos e da linguagem do coaching para criar uma imagem de sucesso e atrair seguidores e convida o leitor a questionar as promessas fáceis de sucesso e prosperidade, apontando para os perigos de uma espiritualidade superficial que ignora as complexidades da vida e se baseia em uma busca incessante por realização material.

FRESTON, Paul. *Religião e política, sim; Igreja e Estado, não*: os evangélicos e a participação política. Viçosa: Ultimato, 2006.

Argumenta que, embora a religião e a política devam ser separadas em termos de Estado e Igreja, a fé pode influenciar a ação política, e os evangélicos têm o direito de se envolver na política de forma ética e responsável. O autor critica a visão de alguns evangélicos que buscam um

LIVROS ESCRITOS POR EVANGÉLICOS

domínio político, a partir da crença que Deus os designou para governar e transformar o país em uma teocracia. Ele argumenta que essa teologia é perigosa e leva a um triunfalismo ingênuo, ignorando a falha humana e a necessidade de mecanismos democráticos de controle.

GONÇALVES, José. *A glossolalia e a formação das Assembleias de Deus.* São Paulo: CPAD, 2022.

Este livro é um guia para quem quer entender as Assembleias de Deus, suas origens, suas crenças e como elas se encaixam no panorama geral do cristianismo. Ele oferece uma análise aprofundada da história e da teologia que moldaram a identidade das Assembleias de Deus, tanto em suas origens norte-americanas e escandinavas quanto em sua expressão brasileira. A obra traça um panorama abrangente da doutrina pentecostal, explorando as diferentes perspectivas sobre o Espírito Santo e a salvação que convergiram para a formação do movimento. O autor explora a glossolalia, ou o falar em línguas, como um elemento central na teologia e na história das Assembleias de Deus, e apresenta como essa prática, vista como uma manifestação sobrenatural do Espírito Santo, se tornou um elo comum entre diferentes vertentes protestantes que convergiram para a formação do pentecostalismo. Além disso, o livro dá voz a pioneiros do pentecostalismo, apresentando seus escritos e documentos históricos que apresentam as bases de suas convicções, e permite ao leitor ter um contato direto com as fontes primárias desse movimento.

KELLER, Kathy. *Jesus, justiça e papéis de gênero*: mulheres no ministério. Rio de Janeiro: Thomas Nelson Brasil, 2019.

Apresenta a visão de parte significativa do pensamento evangélico sobre papéis de gênero na Igreja e no lar. A autora defende a visão complementarista, argumentando que homens e mulheres possuem papéis distintos, porém complementares, dentro do corpo de Cristo. Baseando-se principalmente em 1 Coríntios 14 e 1 Timóteo 2, Keller argumenta que a Bíblia

PARA CONHECER MAIS O UNIVERSO EVANGÉLICO

proíbe as mulheres de exercerem o ensino autoritativo na Igreja, função reservada aos presbíteros ordenados, ao mesmo tempo, enfatiza que as mulheres são chamadas a usar seus dons nos demais ministérios eclesiásticos.

LAGO, Davi. *Brasil polifônico*: os evangélicos e as estruturas de poder. São Paulo: Mundo Cristão, 2018.

Esta obra oferece uma análise profunda da crescente influência evangélica no país, convidando a uma reflexão crítica sobre os desafios e as responsabilidades desse grupo na construção de uma sociedade mais justa e democrática. Ao elucidar conceitos como laicidade estatal, liberdade religiosa e Estado Democrático de Direito, o livro desmistifica estereótipos e aponta caminhos para um diálogo mais respeitoso e produtivo entre diferentes setores da sociedade.

LIMA, Vinícius. *Oração das ruas*: como a população em situação de rua fala com Deus. São Paulo: Recriar, 2022.

Este livro oferece um olhar comovente sobre a fé e a resiliência da população em situação de rua. A obra reúne orações autênticas, transcritas pelo autor a partir de conversas com pessoas que encontrou nas ruas de São Paulo. Através dessas preces, o leitor é convidado a conhecer as histórias de vida, lutas e esperanças daqueles que, apesar de marginalizados, encontram em Deus um refúgio e uma fonte de força. O livro questiona a distância entre as instituições religiosas e a realidade daqueles que mais precisam de apoio.

LOPES, Marisa (org.). *O evangelho da paz e o discurso do ódio*. Rio de Janeiro: GodBooks/Thomas Nelson Brasil, 2021.

Escrito no contexto da ascensão do bolsonarismo, esse livro se apresenta como uma proposta pastoral diante do avanço dos discursos da extrema direita nas igrejas. A tese central dos capítulos que compõem a obra é que

LIVROS ESCRITOS POR EVANGÉLICOS

a mensagem de paz anunciada por Jesus representa a antítese dos discursos de ódio político promovidos pelos agentes políticos brasileiros.

MACEDO, Edir; OLIVEIRA, Carlos. *Plano de poder*: Deus, os cristãos e a política. Rio de Janeiro: Thomas Nelson Brasil, 2011.

Controverso, o livro oferece tanto uma análise quanto um manual sobre como os cristãos, segundo Edir Macedo, devem se envolver na política para moldar a sociedade de acordo com seus valores religiosos.

MONTEIRO, Jacira Pontinta Vaz. *O estigma da cor:* como o racismo fere os dois grandes mandamentos. São Paulo: Editora Quitanda/Thomas Nelson Brasil, 2021.

Discute como o racismo contradiz os ensinamentos de Cristo. O texto aborda temas como escravidão, colonialismo, violência contra a mulher e desigualdade social, oferecendo soluções fundamentadas na Bíblia e na vivência da autora em igrejas evangélicas. De acordo com Monteiro, apesar daqueles que ignoram os princípios do amor e da justiça, a história cristã possui um legado de combate às injustiças.

OLIVEIRA, Marco Davi de. *A religião mais negra do Brasil*: por que mais de oito milhões de negros são pentecostais. São Paulo: Mundo Cristão, 2004.

A obra questiona a ideia de que as religiões de matriz africana são as mais praticadas pelos negros no Brasil. Na realidade, a pentecostal é a predominante, embora questões como racismo e políticas de inclusão sejam pouco discutidas nesse meio. Oliveira investiga por que os negros adotaram essa religião. Como é tratada a cultura negra no meio evangélico? Por que ainda há demonização da herança africana? Qual o futuro da relação entre negros e igrejas evangélicas no Brasil?

PARA CONHECER MAIS O UNIVERSO EVANGÉLICO

PACHECO, Ronilso. *Teologia negra*: o sopro antirracista do espírito. São Paulo: Zahar, 2024.

Uma introdução à teologia negra e sua importância na luta contra o racismo e a colonialidade. O autor argumenta que a teologia tradicional, muitas vezes eurocêntrica, contribuiu para a opressão do povo negro, silenciando suas vozes e invisibilizando suas experiências. A teologia negra, por sua vez, surge como um desafio a essa teologia hegemônica, buscando ressignificar a fé cristã a partir da vivência de sofrimento e resistência do povo negro.

SIQUEIRA, Gutierres Fernandes. *Quem tem medo dos evangélicos?*: Religião e democracia no Brasil de hoje. São Paulo: Mundo Cristão, 2022.

Este ensaio desafia a visão de que os evangélicos representam uma ameaça à democracia brasileira, argumentando que a tradição autoritária do país precede sua ascensão, enraizada em períodos como a colonização e as ditaduras. Com uma tese central de que o crescimento evangélico pode fortalecer a democracia por meio de demandas sociais e maior participação política, a obra também destaca a fragmentação e diversidade do movimento, desconstruindo a ideia de um "Talibã gospel" no Brasil.

SOARES, Esequias. *O pentecostalismo brasileiro*: um guia histórico e teológico para compreender o pentecostes no Brasil. São Paulo: CPAD, 2021.

Este livro traça as origens do movimento pentecostal nos Estados Unidos no final do século XIX e início do século XX, e acompanha sua trajetória até o Brasil, onde se enraizou e se expandiu rapidamente. A obra examina como as crenças e práticas pentecostais se desenvolveram no contexto brasileiro, a formação de igrejas pentecostais, e os debates teológicos e divisões internas que moldaram o movimento. Por fim, o livro analisa o crescimento numérico do pentecostalismo, sua organização institucional e a influência social e cultural que exerce no Brasil.

200

LIVROS ESCRITOS POR EVANGÉLICOS

SYNAN, Vinson. *O século do Espírito Santo*: 100 anos de avivamento pentecostal e carismático. São Paulo: Editora Vida, 2009.

Conta a história do movimento pentecostal carismático, abraçado por mais de 520 milhões de pessoas em todo o mundo, e explora suas raízes ao longo do século XX. Além da narrativa histórica, são destacadas figuras-chave e sua relação com o pentecostalismo. Capítulos individuais analisam o papel das mulheres, a participação de afro-americanos e latinos, ministérios de cura, tele-evangelismo e muitos outros assuntos, cada um escrito por um especialista.

VIEIRA, Henrique. *O Jesus negro*: o grito antirracista da Bíblia. São Paulo: Planeta, 2023.

Neste livro, o pastor Henrique Vieira convida o leitor a reimaginar Jesus como um homem negro, argumentando que essa representação é crucial para compreender o Evangelho no contexto da luta antirracista brasileira. Vieira se baseia na experiência de Jesus como um judeu palestino marginalizado pelo Império Romano, traçando paralelos com a opressão histórica sofrida pelo povo negro no Brasil. O autor argumenta que a negritude de Jesus não é uma mera questão de cor da pele, mas sim um símbolo de sua identificação com todos os oprimidos.

LIVROS DE MEMÓRIAS

CARSON, Clayborne (Org.). *A autobiografia de Martin Luther King*. Rio de Janeiro: Zahar, 2014.

Martin Luther King Jr., pastor batista e figura central na luta pela igualdade, justiça e paz, liderou um movimento que não apenas transformou os Estados Unidos, como deixou uma marca indelével em todo o mundo. Sua abordagem de resistência pacífica lhe valeu o Prêmio Nobel da Paz em 1964. Este livro, com organização do historiador Clayborne Carson, da Universidade de Stanford, traz um olhar íntimo sobre King baseado em textos autobiográficos inéditos, incluindo cartas e diários, além de filmes e gravações. As críticas destacam a obra como um retrato eloquente e detalhado, que ilumina os fundamentos intelectuais e a coragem indomável de King.

JUSTINO, Mário. *Nos bastidores do reino*: a vida secreta na Igreja Universal do Reino de Deus. São Paulo: Geração Editorial, 2021.

Após 25 anos de proibição, *Nos bastidores do reino* retornou às livrarias, apresentando a história de Mário Justino, ex-pastor da Igreja Universal do Reino de Deus. O livro descreve a jornada de Justino desde sua conversão

LIVROS DE MEMÓRIAS

e ascensão na igreja até sua expulsão e subsequente vida nas ruas de Nova York. A obra expõe aspectos da vida interna da instituição religiosa, incluindo a visão do autor sobre métodos de arrecadação de ofertas, pressão da instituição sobre os pastores e escândalos.

MÚSICA

Não há como abranger a riqueza e diversidade da cena gospel brasileira em poucas linhas, mas destacamos alguns dos álbuns que marcaram gerações e definiram tendências dentro do gênero. Cada um deles, com seu estilo, reflete a espiritualidade e as diferentes abordagens da fé cristã, tornando-se icônicos tanto para o público evangélico quanto para quem busca momentos de recolhimento e introspecção.

ADVOGADO FIEL: Bruna Karla. MK Music, 2009 (56 min).

Com uma voz serena e expressiva, Bruna Karla conquistou o público com as músicas "Advogado Fiel" e "Sou Humano", que trazem mensagens de consolo e esperança no socorro divino.

APOCALIPSE: Damares. Louvor Eterno, 2008 (70 min).

Este álbum consolidou Damares como uma das grandes vozes da música gospel pentecostal. Além da faixa-título, "Apocalipse", o álbum traz o sucesso "Sabor de Mel", uma canção que fala de vitória e superação após momentos de provação.

MÚSICA

CÉU: Gabriela Rocha. Onimusic, 2018 (34 min).

Gabriela Rocha, uma das vozes mais influentes da nova geração, trouxe neste álbum canções como "Lugar Secreto", sobre o desejo por uma conexão profunda e íntima com Deus.

DÊ CARINHO: Cristina Mel. MK Music, 1997 (51 min).

Cristina Mel explora a temática do amor em diferentes dimensões, como nas amizades, com a emotiva canção "Ao Amigo Distante", e na devoção a Cristo, com "Mestre", sobre o favor e a compaixão de Jesus. A obra reforça mensagens de carinho e esperança, consolidando a cantora como uma das principais vozes do pop gospel brasileiro.

DEUS CUIDA DE MIM: Kleber Lucas. MK Music, 1999 (54 min).

Este álbum tornou Kleber Lucas um dos principais nomes do gospel contemporâneo; a faixa-título, "Deus Cuida de Mim" é reconhecida como um hino sobre a confiança em Deus. Em 2022 a música "Deus Cuida de Mim" foi regravada por Caetano Veloso.

FAZ CHOVER: Fernandinho. Faz Chover Produções, 2003 (67 min).

A faixa "Faz Chover" é como uma oração cantada pedindo um avivamento espiritual, ou seja, uma renovação da fé e da conexão com Deus. A música também faz referência à ideia simbólica de um "derramamento espiritual", algo comum no contexto cristão, que representa a ação de Deus tocando a vida das pessoas de forma intensa e inspiradora.

INDIFERENÇA: Oficina G3. Gospel Records, 1996 (47 min).

Oficina G3 trouxe o rock cristão para o mainstream do gospel brasileiro, e "Espelhos Mágicos" se tornou um clássico, abordando temas como a alienação e a busca por sentido na vida, especialmente para o público jovem. *NA CASA DE DEUS*: Eyshila. MK Music, 2003 (50 min).

PARA CONHECER MAIS O UNIVERSO EVANGÉLICO

Eyshila, com sua mensagem de louvor congregacional, trouxe hinos como "Posso Clamar", que abordam o poder da oração e da dependência de Deus.

NA SALA DO PAI: Thalles Roberto. DMusic, 2009 (70 min).

Um dos álbuns que marcaram a ascensão de Thalles Roberto, tem "Deus da Minha Vida" como uma das canções principais, mesclando adoração e testemunho pessoal.

O PODER DO AMOR: Lauriete. Melodias do Rei, 1991 (34 min).

Com sua voz poderosa e emocional, Lauriete consolidou seu estilo de louvor pentecostal neste álbum, com os sucessos "Regresso", "O Futuro da Igreja" e "A Porta Vai se Fechar", que trazem mensagens de fé e superação.

PARA O MUNDO OUVIR: Rose Nascimento. Zekap Gospel, 2004 (47 min).

Rose Nascimento, uma das maiores vozes do gospel pentecostal, trouxe neste álbum músicas como "Para o Mundo Ouvir", que retratam a missão evangelística e a salvação.

POEMAS E CANÇÕES: Leonardo Gonçalves. Novo Tempo, 2002 (43 min).

O álbum de estreia de Leonardo Gonçalves trouxe um estilo mais refinado e introspectivo ao gospel; as faixas "Getsêmani" e "Volta" se destacam pela sua profundidade teológica e emocional.

PRECISO DE TI: Diante do Trono. Diante do Trono, 2001 (73 min).

É um dos álbuns mais icônicos do grupo. A música "Preciso de Ti" marcou uma geração de adoradores, trazendo uma expressão intensa de intimidade com Deus em megaeventos de louvor.

MÚSICA

PRIMEIRO AMOR: Shirley Carvalhaes. Nancel Music, 1994 (32 min).

Este álbum solidificou Shirley Carvalhaes como uma das maiores vozes do gospel pentecostal. Do repertório destacam-se canções como "Espada Cortante", "Deus Proverá", "Voo Livre" e o enorme sucesso "Faraó ou Deus", que se tornou um clássico nas igrejas. Com temas de fé, luta e vitória, Shirley trouxe letras que continuam a ressoar entre os fiéis.

QUEBRANTADO CORAÇÃO: Fernanda Brum. MK Music, 2002 (49 min).

Com um repertório que enfatiza a importância de um coração quebrantado e humilde na caminhada cristã, o álbum inclui canções profundas como "Marcas", "Amo o Senhor", "O Amor que Cura" e "Espírito Santo".

RARIDADE: Anderson Freire. MK Music, 2013 (59 min).

Anderson Freire despontou como um dos maiores compositores e intérpretes da música gospel contemporânea; com a faixa "Raridade", que fala sobre o valor de cada pessoa aos olhos de Deus.

SEM LIMITES: Aline Barros. Grape Vine, 1995 (49 min).

Este álbum marcou o início da carreira de Aline Barros, que se tornaria um dos maiores nomes da música gospel brasileira. A faixa "Deus do Impossível" tornou-se um clássico, trazendo uma mensagem sobre a fé em um Deus que supera todas as adversidades.

SEM PALAVRAS: Cassiane. MK Music, 1996 (48 min).

Cassiane se firmou como uma das maiores cantoras pentecostais do país, e "Imagine" é uma das canções que se destacam pela mensagem de fé inabalável, tema central na carreira da artista.

PARA CONHECER MAIS O UNIVERSO EVANGÉLICO

TEMPOS DE CELEBRAÇÃO: Adhemar de Campos. Adhemar de Campos, 1993 (42 min).

Adhemar de Campos é um dos pioneiros da música de louvor no Brasil. O álbum inovou ao agregar gêneros musicais incomuns ao repertório tradicional das igrejas, trazendo influências de jazz e música popular brasileira.

FILMES, SÉRIES E DOCUMENTÁRIOS

FILMES

Elementos da cultura e do idioma inglês têm sido incorporados nos nomes das igrejas. A popularidade dos filmes evangélicos feitos pela indústria norte-americana é um exemplo dessa influência, e estes são bem populares entre os segmentos evangélicos brasileiros.

DEIXADOS PARA TRÁS: O INÍCIO DO FIM. Direção: Kevin Sorbo. Estados Unidos, 2023 (120 min).

A trama se desenrola após um evento cataclísmico, onde milhões de pessoas desaparecem misteriosamente, levando o mundo ao caos.

DEIXADOS PARA TRÁS II: COMANDO TRIBULAÇÃO. Direção: Bill Corcoran. Canadá/Estados Unidos, 2002 (94 min).

Segundo filme da trilogia, explora os conflitos espirituais e a resistência contra o domínio do anticristo durante o período da grande tribulação.

PARA CONHECER MAIS O UNIVERSO EVANGÉLICO

DEIXADOS PARA TRÁS III: MUNDO EM GUERRA. Direção: Craig R. Baxley. Canadá/Estados Unidos, 2005 (95 min).

Conclusão da trilogia, aborda a batalha final entre as forças da fé e as forças do mal em um mundo apocalíptico.

DEUS NÃO ESTÁ MORTO. Direção: Harold Cronk. Estados Unidos, 2014 (113 min).

Relata um confronto sobre a existência de Deus entre um estudante cristão e um professor ateu.

DESAFIANDO GIGANTES. Direção: Alex Kendrick. Estados Unidos, 2006 (111 min).

Aborda temas de fé, perseverança e superação através do contexto do futebol americano.

O PODER DA GRAÇA. Direção: David G. Evans. Estados Unidos, 2011 (101 min).

Um policial branco perde o filho em um acidente e redescobre o perdão pelo convivío um policial negro que também é pastor.

PROVA DE FOGO. Direção: Alex Kendrick. Estados Unidos, 2008 (120 min).

Uma representação de como a fé pode revitalizar um casamento desgastado.

QUARTO DE GUERRA. Direção: Alex Kendrick. Estados Unidos, 2015 (120 min).

Destaca o poder da oração e a importância de ter um local especial para enfrentar batalhas espirituais.

FILMES, SÉRIES E DOCUMENTÁRIOS

SÉRIES

Muitas destas séries estão transformando a visão sobre a fé evangélica ao explorar a vida de fiéis, os bastidores de grandes igrejas e a vida de Jesus.

CAMINHOS DO SENHOR, OS. Criada por: Adam Price. Dinamarca, 2017. Temporadas 1-2.

A série acompanha a trajetória de um pastor enfrentando dilemas espirituais, alcoolismo e conflitos familiares, e mostra como a fé e a vida pessoal podem seguir caminhos complexos.

ESCOLHIDOS, OS. Criada por: Dallas Jenkins. Estados Unidos, 2019. Temporadas 1-4.

A série tem sido elogiada e se tornou um fenômeno global por sua capacidade de humanizar Jesus e seus seguidores, através das perspectivas de várias pessoas que o conheceram.

GREENLEAF. Criada por: Craig Wright. Estados Unidos, 2016. Temporadas 1-5.

Produzida por Oprah Winfrey, a trama gira em torno da família que lidera uma *megachurch* nos EUA, explorando temas como abuso sexual, corrupção e questões raciais.

DOCUMENTÁRIOS

APOCALIPSE NOS TRÓPICOS. Direção: Petra Costa. Brasil, 2024 (110 min).

O documentário investiga a crescente influência das lideranças evangélicas na política brasileira, e como essas lideranças se relacionam com figuras centrais da política nacional como Lula e Bolsonaro.

PARA CONHECER MAIS O UNIVERSO EVANGÉLICO

EVANGÉLICOS. Direção: Alberto Renault. Brasil, 2024. Temporada 1 (6 episódios).

Um mergulho nesse universo através do olhar de seis evangélicos que vivenciam a fé diariamente. A série documental conduz à intimidade dos fiéis, revelando como a fé e as crenças influenciam suas vidas.

IF I GIVE MY SOUL. Direção: Andrew Johnson e Ryan Patch. EUA, 2014 (54 min).

Retrata as complexidades da fé no contexto prisional a partir da vida de cinco detentos brasileiros.

POLÍTICA SOBE AO PÚLPITO, A. Direção: João Ramirez. Brasil, 2022 (15 min).

Explora as diversas visões, contradições e desafios políticos de um grupo que, antes minoritário, agora ocupa o centro das discussões públicas e institucionais.

SER EVANGÉLICO NO BRASIL. Direção: João Ramirez. Brasil, 2022 (14 min).

Aborda os motivos das conversões dos entrevistados, além do preconceito que enfrentam e, por vezes, reproduzem.

6
GUIA PRÁTICO

ALGUNS PONTOS TURÍSTICOS E EXPERIÊNCIAS NO BRASIL

SÃO PAULO

Capela do Campo e Cemitério dos Americanos: Localizado na zona rural de Santa Bárbara d'Oeste, preserva a memória dos imigrantes norte-americanos que se estabeleceram na região no século XIX. Fundado em 1867, o local é mantido pela Fraternidade Descendência Americana e abriga a Capela do Campo, primeira igreja batista organizada no Brasil, em 1871. Em 1878, foi construído o primeiro templo que atendia as denominações Presbiteriana, Batista e Metodista.

As visitas ao cemitério devem ser agendadas previamente através do e-mail presidente@fdasbo.org.br ou dos telefones (19) 3629-1800 e (19) 99128-5678.

Endereço: Estrada dos Confederados, s/n, Campo, Santa Bárbara d'Oeste/SP.

GUIA PRÁTICO

Catedral Evangélica de São Paulo: Também conhecida como Primeira Igreja Presbiteriana Independente de São Paulo, foi organizada em 1865 e é a primeira igreja protestante da cidade. Projetada no estilo neogótico pelo arquiteto Bruno Simões Mago, a catedral é um marco cultural que promove música sacra e eventos comunitários, como concertos de órgão e piano. O templo é adornado com vitrais que refletem elementos bíblicos e possui um órgão Austin, instalado em 1986, que conta com 1.700 tubos. A catedral não apenas serve como um local de culto, mas também como um centro para a disseminação cultural na cidade, realizando eventos especiais durante datas comemorativas como Páscoa e Natal.

Endereço: Rua Nestor Pestana, 152, Consolação, São Paulo/SP.

Cemitério dos Protestantes (Acempro): A Associação Cemitério dos Protestantes (Acempro) foi fundada em 1844 por luteranos de origem alemã e, posteriormente, contou com importante colaboração de anglicanos e presbiterianos. Apesar da denominação "protestantes", a Acempro sempre manteve o caráter ecumênico e tratamento igualitário a todos os associados. Antes, apenas católicos tinham acesso aos cemitérios brasileiros, evidenciando a forte influência da Igreja Católica no Império. Sem locais adequados, os protestantes enfrentavam grandes dificuldades para enterrar seus mortos de forma digna. Em resposta, a criação do Cemitério dos Protestantes surgiu como uma iniciativa pioneira das comunidades não católicas paulistas para garantir um espaço ecumênico. Somente em 1850, com o Código de Posturas da Câmara Municipal de São Paulo, foi formalizada a permissão para cemitérios de outras denominações, consolidando esse direito.

As visitas são realizadas às sextas-feiras, em dois horários alternados, 10h e 14h, e aos sábados, no período da manhã, às 10h, com monitoramento profissional.

Endereço: Rua Sergipe, 177, Consolação, São Paulo/SP.

ALGUNS PONTOS TURÍSTICOS E EXPERIÊNCIAS NO BRASIL

Cemitério Protestante: O primeiro cemitério protestante do Brasil foi estabelecido em 1811, por ordem de Dom João VI, após a morte do sueco Jonas Bergmann, um protestante. Ele está localizado dentro da Floresta Nacional de Ipanema, a 120 km de São Paulo, um espaço que combina história, biodiversidade e lazer em seus 20 mil hectares de Cerrado e Mata Atlântica.

Endereço: Estrada Doutor João Paulo de Andrade Figueira, 1160, Recanto, Araçoiaba da Serra/SP.

Cia de Artes e Teatro Nissi: A Cia de Artes Nissi nasceu no ano 2000 com a peça *O jardim do inimigo*, já apresentada para mais de 10 milhões de espectadores em todo o Brasil e pelo mundo. Atua no Brasil e em Angola nos cinco segmentos da arte: teatro, dança, música, circo e cinema, sendo pioneira no ramo da arte cristã brasileira.

Endereço: Avenida Brigadeiro Luís Antônio, 884, Bela Vista, São Paulo/SP.

Museu de Arqueologia Bíblica (MAB): O MAB é uma instituição da Igreja Adventista do Sétimo Dia instalada no Centro Universitário Adventista de São Paulo, no campus Engenheiro Coelho (Unasp-EC).

Endereço: Estrada Municipal Pastor Walter Boger, km 3,5, Lagoa Bonita, Engenheiro Coelho/SP.

Museu da Bíblia da Sociedade Bíblica do Brasil (MuBi): Resultado de uma parceria entre a Sociedade Bíblica do Brasil (SBB) e a Prefeitura Municipal de Barueri, em São Paulo, o Museu da Bíblia é o primeiro do país e um dos maiores do mundo em sua especialidade. Em uma área de 900 m², integrada a um Centro de Eventos, o MuBi também reúne uma biblioteca com mais de 17 mil títulos.

Endereço: Avenida Sebastião Davino dos Reis, 672, Vila Porto, Barueri/SP.

Museu da Bíblia de Santana de Parnaíba: O Museu da Bíblia de Santana de Parnaíba apresenta exemplares de bíblias em suas línguas originais, edições

GUIA PRÁTICO

em braille, informações sobre o surgimento da escrita e curiosidades bíblicas. O museu funciona de terça a domingo, das 10h às 17h.

Endereço: Avenida Esperança, 450 - Campo da Vila, Santana de Parnaíba/SP.

Rua Conde de Sarzedas: Conhecida como a "rua dos evangélicos", abriga cerca de quarenta lojas do ramo evangélico, com uma variedade de mais de 5 mil produtos do segmento gospel. Os itens incluem bíblias, livros de teologia, hinários, camisetas com frases cristãs e muito mais. Além disso, a rua serve como ponto de encontro para evangélicos.

Endereço: Rua Conde de Sarzedas, Sé, São Paulo/SP.

Templo de Salomão e Jardim Bíblico: O Templo de Salomão é uma igreja localizada no bairro do Brás, distrito do Belém, em São Paulo, e é a sede mundial da Igreja Universal do Reino de Deus. A construção foi inspirada no histórico Templo de Salomão mencionado na Bíblia, oferecendo aos visitantes a oportunidade de explorar uma réplica cuidadosamente elaborada do Tabernáculo de Moisés, assim como o Memorial dos Templos de Jerusalém e o Jardim das Oliveiras Centenárias.

Endereço: Avenida Celso Garcia, 605, Brás, São Paulo/SP.

Universidade Presbiteriana Mackenzie - Passeio Histórico: O Passeio Histórico do Mackenzie apresenta o legado arquitetônico e cultural do campus Higienópolis, tombado como patrimônio histórico, e oferece uma visão aprofundada sobre a trajetória da Universidade Presbiteriana Mackenzie, que começou em 1870 com os missionários George e Mary Chamberlain. As visitas devem ser agendadas previamente no site https:// memoria.mackenzie.br/passeio-historico/.

Endereço: Rua Itambé, 135 - Edifício Mackenzie - Prédio 1, Higienópolis, São Paulo/SP.

Em 2024, o governo do Estado de São Paulo publicou o Guia Turístico Evangélico, com o objetivo de destacar os principais pontos de interesse para os visitantes desse segmento religioso. A publicação reúne informações sobre templos históricos, museus e eventos culturais, além de apresentar uma série de iniciativas voltadas ao fortalecimento do turismo religioso. Entre as ações estão a promoção de destinos com vocações específicas e o apoio à criação de rotas turísticas. O guia busca não apenas promover o turismo religioso em São Paulo, mas também evidenciar a presença evangélica no estado. O material está disponível para consulta no seguinte link:

https://www.turismo.sp.gov.br/guia-turistico-evangelico-do-estado-de--sao-paulo.

RIO DE JANEIRO

Assembleia de Deus Madureira (matriz): Foi fundada em 15 de novembro de 1929 pelo pastor Paulo Leivas Macalão. É a igreja matriz do ministério de Madureira, reconhecido como o maior segmento em número de fiéis da Assembleia de Deus. De acordo com dados do próprio ministério de Madureira, a organização conta com 34 mil pastores, 200 mil obreiros e cerca de 9 milhões de fiéis.

Endereço: Rua Carolina Machado, 174, Madureira, Rio de Janeiro/RJ.

Catedral Presbiteriana do Rio de Janeiro: Fundada em 12 de janeiro de 1862, a Catedral Presbiteriana do Rio de Janeiro é reconhecida como o marco inicial da Igreja Presbiteriana do Brasil, e é um símbolo da fé reformada no país. Além de seu templo em estilo neogótico, a catedral conta com a Praça Rev. Mattathias Gomes dos Santos, local onde se encontra um conjunto escultórico-interativo. O conjunto é composto por um monumento em bronze que retrata a primeira ceia protestante em solo brasileiro, realizada pelos franceses que invadiram a baía de Guanabara. As esculturas, que incluem pegadas em bronze, simbolizam a liderança da Igreja Presbiteriana no Brasil.

Endereço: Rua Silva Jardim, 23, Centro, Rio de Janeiro/RJ.

GUIA PRÁTICO

Cemitério dos Ingleses (British Burial Ground): É um importante espaço histórico, fundado em 1811, destinado à comunidade protestante, especialmente a britânica, que não podia ser enterrada em cemitérios católicos. Originalmente, o cemitério contava com um cais onde desembarcavam os corpos dos ingleses que morriam na travessia do oceano. Esse cemitério é conhecido por sua arquitetura e pela história que abriga, sendo uma das necrópoles a céu aberto mais antigas do Brasil ainda em funcionamento. Para agendamento: Telefone: (21) 2233-4237.

Endereço: Rua da Gamboa, 181, Santo Cristo, Rio de Janeiro/RJ.

Centro Cultural da Bíblia (CCB): Inaugurado em 2004, o CCB está instalado no mesmo local onde funcionou a primeira sede nacional da Sociedade Bíblica do Brasil, no Rio de Janeiro. O prédio faz parte do corredor cultural da cidade. São nove andares dedicados a atividades artísticas, culturais e educacionais relacionadas à Bíblia, com loja, espaço voltado a exposições e auditório para a realização de eventos.

Endereço: Rua Buenos Aires, 135, Centro, Rio de Janeiro/RJ.

PARÁ

Rede Boas Novas: Em 1995, a Assembleia de Deus do Amazonas adquiriu a TV Guajará em Belém, e a renomeou para TV Boas Novas. Hoje em dia, a rede está presente em 23 capitais e transmite seu sinal para mais de 220 cidades em todo o Brasil.

Endereço: Travessa Vileta, 2193, Marco, Belém/PA.

PARAÍBA

Conferência Consciência Cristã: Esse grande evento rapidamente se tornou o segundo maior da cidade de Campina Grande, atraindo anual-

ALGUNS PONTOS TURÍSTICOS E EXPERIÊNCIAS NO BRASIL

mente milhares de turistas durante o período do Carnaval. Idealizado e organizado pela Visão Nacional para a Consciência Cristã (VINACC), o encontro aborda temáticas de interesse evangélico de maneira acessível para o público leigo gratuitamente.

Endereço: Rua Sebastião Donato, 505-611, Centro, Campina Grande/PB.

ORGANIZAÇÕES EVANGÉLICAS NO BRASIL

ASSOCIAÇÃO DE HOMENS DE NEGÓCIO DO EVANGELHO PLENO (ADHONEP)

É uma entidade brasileira não eclesiástica fundada em 1977 por Custódio Rangel Pires, inspirada na Full Gospel Business Men's Fellowship International, criada em 1952 pelo fazendeiro norte-americano Demos Shakarian. Desde então, a organização se dedica à promoção de valores cristãos e à valorização da família, utilizando princípios éticos e morais como base para suas ações. Seus eventos incluem encontros sociais, treinamentos, workshops e uma convenção anual, que reúnem empresários, profissionais liberais e autoridades para o compartilhamento de histórias de transformação pessoal e profissional.

A ADHONEP conta com mais de 1.500 capítulos no Brasil e presença em diversos continentes, como Europa, Ásia, África e Américas. Além de iniciativas voltadas para mulheres e jovens, mantém publicações como *A voz*, que divulgam os princípios da associação e as histórias de sucesso de seus membros.

GUIA PRÁTICO

Por meio de uma rede global, a ADHONEP promove a troca de experiências e o fortalecimento de laços, consolidando-se como um espaço para o desenvolvimento ético e espiritual de líderes em diferentes setores da sociedade.

ALIANÇA CRISTÃ EVANGÉLICA BRASILEIRA

A Aliança Evangélica é uma organização que visa promover a unidade e cooperação entre as diversas denominações evangélicas, preservando a diversidade teológica e denominacional e mantendo um compromisso comum com a fé cristã e a missão de evangelizar. No Brasil, foi fundada em 2010 com o nome de Aliança Cristã Evangélica Brasileira, inspirada em movimentos semelhantes internacionais, como a Evangelical Alliance do Reino Unido, criada em 1846.

Historicamente, a Aliança Evangélica se posiciona como uma voz de diálogo e representatividade do evangelicalismo em temas sociais, políticos e religiosos, buscando fortalecer o testemunho cristão e a justiça social. Ela tem como propósito a promoção de princípios bíblicos que impactem positivamente a sociedade, incluindo questões como defesa dos direitos humanos, combate à pobreza, preservação da liberdade religiosa e da ética cristã na esfera pública.

Além disso, a Aliança Evangélica costuma articular suas ações em torno de grandes campanhas de oração, conferências e publicações que incentivam o envolvimento das igrejas em causas sociais e na missão global. Ela busca ser uma plataforma que encoraja a cooperação interdenominacional sem comprometer as convicções teológicas centrais de cada grupo.

ALIANÇA BÍBLICA UNIVERSITÁRIA

A Aliança Bíblica Universitária (ABU), também conhecida como Aliança Bíblica Universitária do Brasil (ABUB), é um movimento missionário interdenominacional que atua entre estudantes do ensino superior e secundaristas, integrando a Comunidade Internacional de Estudantes Evangélicos (IFES). Seu objetivo principal é compartilhar o Evangelho de Jesus Cristo nas instituições de ensino, promovendo o desenvolvimento espiritual e integral dos estudantes. A ABU busca evangelizar, discipular, promover a maturidade integral dos participantes e incentivá-los ao envolvimento em projetos de missão e serviço, tanto no ambiente acadêmico quanto na sociedade.

Com mais de 65 anos de história no Brasil, a ABU se expandiu para todos os estados, alcançando mais de cem cidades.

CONSELHO MUNDIAL DE IGREJAS (CMI)

O Conselho Mundial de Igrejas (CMI) é uma organização ecumênica internacional que reúne igrejas cristãs de diferentes tradições com o objetivo de promover a unidade, a cooperação e o diálogo entre elas. Durante a ditadura militar, muitos líderes e denominações evangélicas se alinharam ao regime, promovendo uma visão conservadora que se opunha ao ecumenismo e à justiça social defendidos pelo CMI.

EXÉRCITO DE SALVAÇÃO

Organização evangélica de origem metodista que adota estrutura hierárquica semelhante à de um exército. Fundado em 1865, em Londres, por William Booth, o Exército de Salvação dedica-se ao trabalho social e à pregação do Evangelho. No Brasil, o Exército de Salvação está presente desde 1922, e realiza diversas atividades sociais e religiosas em diferentes regiões do país. A organização é reconhecida pelo compromisso com a justiça social e possui uma reputação sólida em termos de transparência financeira e prestação de contas.

GUIA PRÁTICO

SOCIEDADE BÍBLICA DO BRASIL (SBB)

É uma organização sem fins lucrativos que tem se dedicado a tornar a mensagem bíblica mais acessível, com marcos notáveis como a impressão de 200 milhões de exemplares até hoje. Em 2023, o Brasil liderou a distribuição global com 32 milhões de Bíblias, e a SBB atendeu a demanda em 122 países, oferecendo versões em 87 línguas, incluindo edições em braile e em línguas indígenas. Além disso, os programas sociais da SBB impactam mais de 350 mil pessoas em situação de vulnerabilidade. Essas informações são da própria SBB.[20]

VISÃO MUNDIAL

No Brasil desde 1975, a Visão Mundial é uma organização cristã global de desenvolvimento, *advocacy* e resposta a emergências, comprometida em trabalhar com crianças, famílias e comunidades em situação de vulnerabilidade para combater a pobreza e a injustiça. Inspirada pela fé e valores cristãos, a ONG colabora com pessoas de todas as crenças, focando em garantir dignidade e melhores condições de vida para os mais necessitados.

Segundo relatório da organização, em 2022, a Visão Mundial alcançou mais de 7,1 milhões de pessoas, das quais 6,8 milhões eram crianças e adolescentes. Com o apoio de 3.786 entidades parceiras, 2.383 igrejas e 411 escolas, a ONG também respondeu a emergências em 9 estados, atendendo mais de 340 mil pessoas, incluindo migrantes venezuelanos e vítimas de enchentes.

Além disso, a Visão Mundial capacitou 5.242 pessoas em proteção infantil e qualificou mais de 12 mil adolescentes e jovens para o mercado de trabalho. Em reconhecimento ao seu impacto, a Visão Mundial foi eleita a melhor ONG do Brasil em Direitos Humanos em 2022.

JORNAIS EVANGÉLICOS NO BRASIL

No Brasil, já é uma tradição as igrejas evangélicas publicarem seus próprios jornais. Trata-se de canais importantes para disseminar notícias e compartilhar informações com os fiéis, além de manter a comunidade atualizada sobre eventos, reflexões e debates atuais. Entre as diversas denominações que enriquecem o panorama religioso do país, algumas destacam-se pela produção contínua e dedicada de seus veículos de comunicação, desenvolvendo assim uma voz única no diversificado campo evangélico.

- Convenção Batista Brasileira: *O Jornal Batista* (1901).
- Convenção Geral das Assembleias de Deus no Brasil (CGADB): *Mensageiro da Paz* (1930).
- Igreja Adventista do Sétimo Dia: *Revista Adventista* (1908).
- Igreja Evangélica Congregacional: *O Mensageiro* (1961).
- Igreja Internacional da Graça de Deus: *Jornal Show da Fé* (2006).
- Igreja Metodista no Brasil: *Expositor Cristão* (1886).
- Igreja Presbiteriana do Brasil: *Brasil Presbiteriano* (1959).
- Igreja Presbiteriana Independente do Brasil: *O Estandarte* (1893).
- Igreja Universal do Reino de Deus: *Folha Universal* (1992).

SEMINÁRIOS TEOLÓGICOS NO BRASIL

Os seminários teológicos têm como objetivo fornecer formação pastoral. Para ingressar em um curso de teologia, o candidato geralmente precisa ser avaliado e recomendado pela sua denominação. Essas instituições costumam ensinar as línguas originais da Bíblia, hebraico e grego, além de oferecerem métodos de interpretação bíblica, oratória, e estudos sobre as doutrinas, dogmas e a história tanto de sua vertente específica quanto do cristianismo em geral.

No início dos anos 2000, após o reconhecimento dos cursos superiores de teologia pelo Ministério da Educação do Brasil, observou-se um aumento significativo no número de seminários que se transformaram em faculdades de teologia reconhecidas pelo MEC. Mesmo quando o candidato ingressa por meio de vestibular, sem a recomendação da igreja, a vinculação eclesiástica e uma avaliação são necessárias para que ele possa atuar como pastor, e a denominação se responsabilize pelos custos da formação.

No entanto, algumas denominações escolheram não buscar o reconhecimento oficial, argumentando que o Estado não deveria interferir na formação religiosa.

GUIA PRÁTICO

FACULDADES DE TEOLOGIA EVANGÉLICAS RECONHECIDAS PELO MEC

As faculdades de teologia evangélicas são voltadas para a formação de pastores e líderes dentro das igrejas protestantes. Reconhecidas pelo Ministério da Educação (MEC), essas instituições oferecem cursos focados no estudo e na interpretação da Bíblia, doutrinas cristãs e história do cristianismo. Algumas são ligadas diretamente a denominações, como a Igreja Presbiteriana ou as Assembleias de Deus, enquanto outras são independentes, mas mantêm vínculos com igrejas específicas. O principal objetivo é capacitar os alunos a atuarem como pastores, missionários ou líderes em suas comunidades de fé.

- Faculdade de Teologia da Universidade Presbiteriana Mackenzie: Vinculada à Igreja Presbiteriana do Brasil.
- Faculdade de Teologia de São Paulo da Igreja Presbiteriana Independente do Brasil (Fatipi): Associada à Igreja Presbiteriana Independente do Brasil.
- Faculdade Evangélica das Assembleias de Deus (Faecad): Vinculada à Convenção Geral das Assembleias de Deus.
- Faculdade Refidim: Associada à Assembleia de Deus de Santa Catarina.
- Faculdade Teológica Batista de São Paulo: Vinculada à Convenção Batista Brasileira.
- Faculdade Teológica Sul Americana (FTSA): Embora não esteja vinculada a uma denominação específica, é administrada por membros da igreja presbiteriana.
- Faculdades EST (Escola Superior de Teologia): Afiliadas à Igreja Evangélica de Confissão Luterana no Brasil.
- Instituto Bíblico da Assembleia de Deus (IBAD): Vinculado às Assembleias de Deus.

SEMINÁRIOS TEOLÓGICOS NO BRASIL

SEMINÁRIOS E CENTROS DE ENSINO DE TEOLOGIA EVANGÉLICA

A questão sobre a legitimidade para o reconhecimento do bacharelado em teologia está diretamente ligada ao debate sobre laicidade e a separação entre religião e Estado. Historicamente, as igrejas evangélicas e a Igreja Católica defendem que a formação teológica é uma prerrogativa e responsabilidade das próprias instituições religiosas, uma vez que a teologia está profundamente enraizada na fé e na doutrina de cada denominação. Por isso, nossa opção é manter nesta seção a compreensão das entidades religiosas que divergem da necessidade de reconhecimento pelo Ministério da Educação (MEC).

- Academia Teológica da Graça de Deus: Vinculada à Igreja Internacional da Graça de Deus.
- Escola Teológica Deus é Amor (ETDA): Mantida pela Igreja Pentecostal Deus é Amor.
- Faculdade de Teologia da Igreja Metodista do Brasil: Pertence à Igreja Metodista no Brasil, que optou em 2023 pelo descredenciamento do seu curso de teologia junto ao MEC.
- Faculdade Luterana de Teologia (FLT): Pertencente à Igreja Evangélica Luterana.
- Instituto Global (Bola de Neve): Organizado pela Bola de Neve Church.
- Instituto Teológico Quadrangular: Responsável pela formação dos pastores da Igreja do Evangelho Quadrangular.
- Seminário Batista do Sul: Associado à Convenção Batista Brasileira.
- Seminário Batista Nacional Enéas Tognini: Associado à Convenção Batista Nacional, de vertente pentecostal.
- Seminário Bíblico Betel Brasileiro: Independente, não associado a nenhuma denominação específica.

GUIA PRÁTICO

- Seminário Concórdia: Vinculado à Igreja Evangélica Luterana no Brasil (IELB).
- Seminário Evangélico da Igreja de Deus com sede em Goiânia.
- Seminário Presbiteriano do Sul: Vinculado à Igreja Presbiteriana do Brasil.
- Seminário Presbiteriano Renovado Brasil Central: Afiliado à Igreja Presbiteriana Renovada.
- Seminário Presbiteriano Rev. José Manoel da Conceição: Vinculado à Igreja Presbiteriana do Brasil.
- Seminário Teológico Presbiteriano do Nordeste: Vinculado à Igreja Presbiteriana do Brasil.
- Seminário Teológico Servo de Cristo: Vinculado à Igreja Metodista Livre.

Agradecimentos

A Alberto Renault, que plantou a semente deste livro. A Danilo Centurione, Tamires Rinco e Luisa Cadavid, cuja companhia, sensibilidade e inteligência permeiam este trabalho. Nossos agradecimentos também a Célia Franco, Vinícius do Valle, Danilo Cersosimo, Marcos Lisboa, Carla Ribeiro Sales e aos pastores Valdinei Ferreira, Ed René Kivitz e Alexandre Gonçalves, pela leitura das versões deste trabalho e pelas sugestões valiosas.

Notas

1. BALLOUSSIER, Anna Virginia. A cara típica do evangélico brasileiro é feminina e negra, aponta Datafolha. *Folha de S.Paulo*, São Paulo, 13 jan. 2020. Disponível em: https://www1.folha.uol.com.br/poder/2020/01/cara-tipica-do-evangelico-brasileiro-e-feminina-e-negra-aponta-datafolha.shtml. Acesso em: out. 2024.
2. DATAFOLHA. 92% dos evangélicos paulistanos concorda que a igreja muda para melhor a vida das pessoas. *Folha de S.Paulo*, São Paulo, 25 jul. 2024. Disponível em: https://datafolha.folha.uol.com.br/opiniao-e-sociedade/2024/07/92-dos-evangelicos-paulistanos-concorda-que-a-igreja-muda-para-melhor-a-vida-das-pessoas.shtml. Acesso em: out. 2024.
3. FOLHA DE S.PAULO. Polarização cria falso juízo sobre evangélicos. *Folha de S.Paulo*, São Paulo, 24 jul. 2024. Disponível em: https://www1.folha.uol.com.br/opiniao/2024/07/polarizacao-cria-falso-juizo-sobre-evangelicos.shtml. Acesso em: out. 2024.
4. WESTIN, Ricardo. 1o Censo do Brasil, feito há 150 anos, contou 1,5 milhão de escravizados. *Senado Notícias*, 5 ago. Disponível em: https://www12.senado.leg.br/noticias/especiais/arquivo-s/1o-censo-do-brasil-feito-ha-150-anos-contou-1-5-milhao-de-escravizados. Acesso em out. 2024.
5. INSTITUTO BRASILEIRO DE GEOGRAFIA E ESTATÍSTICA. Censo 2010. Disponível em: https://censo2010.ibge.gov.br/. Acesso em: out. 2024. Todas as informações retiradas do censo de 2010 foram encontradas no site referente a esta nota.
6. INSTITUTO PENTECOSTAL DA ÁGUA. Quem somos. Disponível em: https://www.livrariaipda.com.br/quem-somos/. Acesso em: out. 2024.
7. SEGATTO, Cristiane. Na onda de Cristo. *Revista Época*, São Paulo, pp. 64-67, jul. 2003.
8. G1. Bola de Neve: após denúncias de agressão, igreja afasta apóstolo Rina e anuncia criação de ouvidoria para apurar "possíveis falhas". *g1 SP*, São Paulo,

GUIA PRÁTICO

14 jun. 2024. Disponível em https://g1.globo.com/google/amp/sp/sao-paulo/noticia/2024/06/14/bola-de-neve-apos-denuncias-de-agressao-igreja-afasta-pastor-rina-e-anuncia-criacao-de-ouvidoria-para-apurar-possiveis-falhas.ghtml. Acesso em: out. 2024.

9. GAZETA DO POVO. Record é condenada a exibir programas sobre religiões de matriz africana. *Gazeta do Povo,* 30 jan. 2024. Disponível em: https://www.gazetadopovo.com.br/justica/record-e-condenada-a-exibir-programas-sobre-religioes-de-matriz-africana-4va0sslbzxyuwr3n4dm2pkpud/. Acesso em: out. 2024.

10. NERI, Emanuel. Processo pede prisão de bispo por estelionato. *Folha de S.Paulo,* São Paulo, 17 set. 1995. Disponível em: https://www1.folha.uol.com.br/fsp/1995/9/17/brasil/38.html. Acesso em: out. 2024.

11. CARDOSO, Melina. Abusadores que retornam aos púlpitos mancham a imagem da igreja, diz autor. *Folha de S.Paulo,* São Paulo, 15 ago. 2024. Disponível em: https://www1.folha.uol.com.br/blogs/evangelicos/2024/08/abusadores-que-retornam-aos-pulpitos-mancham-a-imagem-da-igreja-diz-autor.shtml. Acesso em: out. 2024.

12. SPYER, Juliano. Evangélicas debatem igualdade de gênero indiretamente. *Folha de S.Paulo,* São Paulo, 22 jul. 2024. Disponível em: https://www1.folha.uol.com.br/colunas/juliano-spyer/2024/07/evangelicas-debatem-igualdade-de-genero-indiretamente.shtml. Acesso em: out. 2024.

13. SPYER, Juliano. Evangélicos universitários são vítimas de assédio moral. *Folha de S.Paulo,* São Paulo, 3 abr. 2023. Disponível em: https://www1.folha.uol.com.br/colunas/juliano-spyer/2023/04/evangelicos-universitarios-sao-vitimas-de-assedio-moral.shtml. Acesso em: out. 2024.

14. SPYER, Juliano. Pretos crentes sofrem em cursos de humanas. *Folha de S. Paulo,* 7 ago. 2023. Disponível em: https://www1.folha.uol.com.br/colunas/juliano-spyer/2023/08/pretos-crentes-sofrem-em-cursos-de-humanas.shtml. Acesso em: out. 2024.

15. SATIE, Anna. Pablo Marçal: quartel-general do Reino (QGR). *UOL Notícias,* São Paulo, 2 out. 2024. Disponível em: https://noticias.uol.com.br/eleicoes/2024/10/02/pablo-marcal-quartel-general-do-reino-qgr.html. Acesso em: out. 2024.

16. DO VALLE, Vinicius. A revolução de Pablo Marçal não está sendo televisionada. *Folha de S.Paulo,* São Paulo, 2 out. 2024. Disponível em: https://www1.folha.uol.com.br/cotidiano/2024/10/a-revolucao-de-pablo-marcal-nao-esta-sendo-televisionada.shtml. Acesso em: out. 2024.

17. BALLOUSSIER, Anna Virginia. A cara típica do evangélico brasileiro é feminina e negra, aponta Datafolha. *Folha de S.Paulo,* São Paulo, 13 jan. 2020. Disponível em: https://www1.folha.uol.com.br/poder/2020/01/cara-tipica-do-evangelico-brasileiro-e-feminina-e-negra-aponta-datafolha.shtml. Acesso em: out. 2024.

NOTAS

18. RIOS, Alan. Religiões de matriz africana são alvos de 59% dos crimes de intolerância. *Correio Brasiliense*, DF, 11 nov. 2019. Disponível em: https://www.correiobraziliense.com.br/app/noticia/cidades/2019/11/11/interna_cidades-df,805394/religioes-de-matriz-africana-alvos-de-59-dos-crimes-de-intolerancia.shtml. Acesso em: out. 2024.
19. VILAS BOAS, Pedro. Dados: violações de religião. *UOL Notícias*, São Paulo, 17 jul. 2024. Disponível em: https://noticias.uol.com.br/cotidiano/ultimas-noticias/2024/07/17/dados-violacoes-religiao-mdh.htm. Acesso em: out. 2024.
20. SOCIEDADE BÍBLICA DO BRASIL. 200 milhões de Bíblias e Novos Testamentos. São Paulo. Disponível em: https://www.sbb.org.br/200-milhoes-de--biblias-e-novos-testamentos. Acesso em: out. 2024.

Este livro foi composto na tipografia Adobe Garamond Pro,
em corpo 11,5/16, e impresso em
papel off-white no Sistema Cameron da
Divisão Gráfica da Distribuidora Record.